怎样

写出一篇好文章

夏丏尊　刘薰宇　编著

郑州大学出版社

图书在版编目（CIP）数据

怎样写出一篇好文章 / 夏丏尊, 刘薰宇编著. — 郑
州：郑州大学出版社, 2021.1
ISBN 978-7-5645-7130-6

Ⅰ.①怎… Ⅱ.①夏… ②刘… Ⅲ.①汉语－写作－
方法 Ⅳ.①H15

中国版本图书馆CIP数据核字（2020）第248180号

怎样写出一篇好文章
ZENYANG XIECHU YIPIAN HAO WENZHANG

策划编辑	郜　毅	封面设计	嘉美和
责任编辑	郜　毅	版式设计	刘少雄
责任校对	吴　静	责任监制	凌　青　李瑞卿

出版发行	郑州大学出版社有限公司	地　　址	郑州市大学路40号（450052）
出版人	孙保营	网　　址	http:// www. zzup. cn
经　销	全国新华书店	发行电话	0371-66966070
印　刷	德富泰（唐山）印务有限公司		
开　本	880 mm×1 280 mm　1/32		
印　张	8.25	字　　数	150 千字
版　次	2021 年 1 月第 1 版	印　　次	2021 年 1 月第 1 次印刷

书　号	ISBN 978-7-5645-7130-6	定　价	42.80 元

序

　　这是我六七年来的讲义稿，前五章是一九一九年在长沙第一师范时编的，第六章小品文是一九二二年在白马湖春晖中学时编的，二者性质不同，现在就勉强凑集在一处。附录三篇，都是在校报上发表过的，也顺便附在后面。

　　教师原是忙碌者，国文教师尤其是忙碌者中的忙碌者，全书诸稿，记得都是深夜在呵欠中写成的。讲的时候，学生虽表示有兴味，但讲过以后，自己就不愿再去看它，觉得别无可存的价值。只把订成的油印本，撂在书架上。

　　有一天，邻人刘薰宇从尘埃中拿下来看了说是很好，劝我出版，我只是笑而不应。这已是四年前的事了。去年，薰宇因立达学园缺乏国文教师，不教数学，改行教国文了，叫我把稿本给他，说要用这去教学学生。

　　我告诉他原稿不完全的所在，请他随教随修改。薰宇教了一年，修改了一年，于说明不充足处，使之详明，引例不妥当处，重新更换，费去的心思实在不少。大家认为可作立达学园比较的固定的教本，为欲省油印的烦累，及兼备别校采用计，就以两人合编的名义，归开明书店出版。

　　本书内容取材于日本同性质的书籍者殊不少。附录中的《作文的基本态度》一篇，记得是从五十岚力氏《作文三十讲》中某章"烧直"过来的，顺便声明在这里。

　　　　　　一九二六，八，七，丐尊记于上海江湾立达学园

绪 言

"熟读唐诗三百首，不会吟诗也会吟。"这句话虽然只指示着学习"吟诗"的初步方法，但中国人学习作文，也是同一的态度。原来中国文人是认定"文无定法"，只有"神而明之"，所以古代虽然有几部论到作文法的书如刘勰的《文心雕龙》和唐彪的《读书作文谱》之类以及其他的零碎论文，不是依然脱不了"神而明之"的根本思想，陈义过高，流于玄妙，就是不合时宜。近来在这方面虽已渐渐有人注意，新出版的书也有了好几种，只是适合于中等学校做教科用的，仍不易得；而为应教学上的需要，实在又不能久待；所以参考他国现行关于这一类的书籍，编成这本书以救急。

文章本是为了传达自己的意思或情感而作的，所以只是一种工具。单有意思或情感，没有用文字发表出来，就只能保藏在自己的心里，别人无从得知。单有文字而无意思或情感，不过是文字的排列，也不能使读的人得到点什么。意思或情感是文章的内容，文字的结构是文章的形式。内容是否充实，这关系作者的经验、智力、修养。至于形式的美丑，那便是一种技术。严格地说，这两方面虽是同样地没有成法可依赖，但后者毕竟有些基本方法可以遵照，作文法就是讲明这些方法的。

技术要达到巧妙的地步，不能只靠规矩，非自己努力锻炼不可。学游泳的人不是只读几本书就能成；学木工的人不是只听别人讲几次便会；作文也是如此，单知道作文法，也不能就作得出好文章。反过来说，不知作文法的人，就是所谓"神而明之"的也竟有成功的。总之，一切技术都相同，仅仅仗那外来的知识而缺乏练习，绝不能纯熟而达到巧妙的境地。"多读，多作，多商量。"这话虽然简单，实在是很中肯綮，颠扑不破；要想作好文章的，不能不在这方面下番切实的功夫。

照上面所说的一段话，必定有人疑心到作文法全无价值，依旧确信"文无定法"，只想"神而明之"，这也是错的。专一依赖法则固然是不中用，但法则究竟能指示人以必由的途径，使人得到正规；法则，只是对于那班把它认为万能，徒然死守着不肯再下功夫的人才没有用。渔父的儿子虽然善于游泳，但比之于有正当知识，再经过练习的专门家，究竟相差很远。而跟着渔父的儿子去学游泳，比之于跟着专门家去练习也不同；后者总比前者来得正确快速。法则对于技术是必要而不充足的条件；真正凭着练习成功的，必是暗合于法则而不自知的；法则没用而有用，就在这一点，作文法的真价值也就在这一点。

目 录
contents

第一章 作者应有的态度 / 001

第二章 记事文 / 011

    第一节 记事文的意义 / 013

    第二节 作记事文的第一步 / 015

    第三节 材料的取舍和整理 / 018

    第四节 记事文的顺序 / 020

    第五节 文学的记事文 / 024

第三章 叙事文 / 033

    第一节 叙事文的意义 / 035

    第二节 记事文和叙事文的混合 / 036

    第三节 叙事文的要素 / 039

    第四节 叙事文的主想 / 040

    第五节 叙事文的观察点 / 043

    第六节 观察点的变动 / 053

    第七节 叙事文的流动 / 055

    第八节 叙事文流动的中止 / 058

    第九节 叙事文流动的顺逆 / 060

第四章　说明文 / 063

第一节　说明文的意义 / 065

第二节　说明文的用途和题式 / 066

第三节　说明文的条件 / 068

第四节　条件的省略 / 072

第五章　议论文 / 075

第一节　议论文的意义 / 077

第二节　命题 / 080

第三节　证明 / 082

第四节　演绎法、归纳法和类推法 / 085

第五节　证据的性质分类 / 096

第六节　各种议论的联络 / 106

第七节　议论文的顺序 / 108

第八节　作驳论的注意 / 110

第六章　小品文 / 115

第一节　小品文的意义 / 117

第二节　小品文在文章练习上的价值 / 122

第三节　小品文练习的机会 / 124

第四节　小品文作法上的注意——着眼细处 / 130

第五节　小品文作法上的注意——印象的 / 133

第六节　小品文作法上的注意——暗示的 / 137

第七节　小品文作法上的注意——中心 / 140

第八节 小品文作法上的注意——机智 / 142

第九节 实际做例和添削 / 148

第十节 分段与选题 / 154

夏丏尊散文精选 / 159

猫 / 161

白马湖之冬 / 172

鲁迅翁杂忆 / 175

教学小品文 / 180

读书与冥想 / 192

小说的开端 / 198

灶君与财神 / 201

春的欢悦与感伤 / 207

我的畏友弘一和尚 / 210

春晖的使命 / 214

读诗偶感 / 218

附录 / 217

作文的基本的态度 / 225

论记叙文中作者的地位并评现今小说界的文字 / 230

我在国文科教授上最近的一信念——传染语感于学生 / 247

第一章

作者应有的态度

　　文章有内容和形式两方面，前面已经讲过。所谓好文章，就是达意表情，使读者读了以后能明了作者的本意，感到作者的心情的文章。应当怎样作法才能达到这种地步，这个问题包含很广，实不容易说；但综合起来，最要紧的基本条件却有两个：（一）真实；（二）明确。

　　（一）真实。文章是传达自己的意思、情感给别人的东西。倘然自己本来并无这样的意思、情感，当然不应该作表示这样的意思、情感的文章，不然便是说诳了。近来，许多青年欢喜创作，却又并不从实生活上切切实实地观察体验，所以虽然作了许多篇东西，却全同造谣一样，令人读去觉得非常空虚。"情者，文之经；辞者，理之纬。经正而后纬成，理定而后辞畅：此立文之本也。"所以作文先要有真实的"情"，才不是"无病呻吟"。所谓"真实"，固然不是开发票或记账式地将事实一件一件地照样写出，应当有所选择；但把很微细的事物，说得很夸张；把很重大的事件，说得很狭小；或竟把有说无，把无说有，都不免成为虚空。

虽然文章是表现作者的实感，往往有扩大缩小的事实，而同一事物看大看小也随人随时不同；但这是以作者的心情做基础，不能凭空妄造。用一块钱买一件东西，是一桩很简单的事。但因时间和各人的情形不同，有的人觉得便宜，就说："不过花一块钱。"有的人觉得昂贵，就说："这要一块钱呢！"心情完全不同。但都是真实的，所以没有不合理的地方。"白发三千丈，缘愁似个长""笔落惊风雨，诗成泣鬼神""朝如青丝暮成雪""边亭流血成海水"这类名句所以有价值，就因它们是表现作者的实感；倘若并没这样的心情，徒然用这样笔法来装饰，便是不真实。

（二）明确。文章要能使读的人了解，才算达到作文的目的，所以难解及容易误解的文章，都不能算是好的。古来的名文中，虽也有很深奥、晦涩，非加上注解不能使人明白的，但这不是故意艰深，使人费解。所以这样有两种原因：一是它的内容本来深奥；二是言语随着时代变迁，古今不同。

文章本是济谈话之穷的东西，它的作用，原和谈话没有两样。但用谈话来发表意思、情感的时候，大概是彼此觌面的；有不了解的地方，还可当场问清楚。至于文章，是给同时代或异时代任何地方的人看的，很难有询问的机会，万一费解，便要减少效用，或竟失却效用。就是谈话，尚且要力求明了，何况文章呢？

以上两种是作文的消极的条件，不可不慎重遵守。要适合这两种条件，下列几项最要注意。

（一）勿模仿、勿剿袭 文章是发表自己的意思和情感，所以不能将别人的文章借来冒充；剿袭的不好，大家都承认的，古来早已有人说过，不必再讲。至于模仿，古来却有不以为非的。什么桐城派、阳湖派的古文呀，汉魏的骈文呀，西昆体的诗呀……越学得像越好。其实文章原无所谓派别，随着时代而变迁，也无所谓一定的格式。仅仅像得哪一家，哪一篇，决不能当作好的标准。从另一方面说，文章是表现自己的，各人有各人的天分，有各人的创造力；随人脚跟，结果必定抑灭了自己的个性；所作的文章就不能完全自由表示自己的意思、情感，也就不真实，不明确了。

（二）须自己造辞（造词），勿漫用成语或典故。所作的文章要读的人读了能够得着和作者作时相同的印象，才算是好的，所以对于自己所要发表的意思、情感必须十分忠实。这本不是一件容易的事，第一步功夫，就在用辞。用辞要适如其分，不可太强，也不可太弱，不可太大，也不可太小。从来文人无不在用辞上下过苦功夫，贾岛的"推敲"就是最显明的例。法国文豪福来培尔（今译为福楼拜）教他的学生莫泊桑有几句名语，很可做教训。

因为世间没有全然相同的事物，作者对于事物，要先观透它的个性。描写的时候务须明晰，使读者不致看错。这样，自然和人生的真相，才能在作品中活跃。最要紧的事情就是选辞。我们应该晓得，表示某事物最适当的言语只有一个，若错用了别语，就容易和别事物混同。

他这段话，真是至言。作者对于要表示的内容，应该搜求最适当的辞来表示它，不要漫把不适当的或勉强适当的辞来张冠李戴。因此，可以说，要在言辞有敏感的人，才能作得出好文章。

晓得这一层，就不至于乱用成语或典故了。成语、典故如果真和自己所要表示的内容吻合，用也无妨，但事实上很难得有这样凑巧的事情。如"暮色苍然"是描写晚景的成语，但暮色不一定苍然，若只要描写暮色就用这成语便不真实了。古人灞桥折柳以送行，本是一种特别土风，"阳关""渭城"也是实有所指；现在这种土风已没有了，事实也不相同了，要描写别离的情况，还用"阳关三叠""渭城骊歌"这类的话，也便是不真实明确。又如"莼鲈之思"这句成语，在张翰本是实有这样的情感，若不是吴人，连莼鲈的味都不知道的，也用来表示思念故乡的情感，当然不真实、不明确了。用成语、典故真能确切的实在不多，所以这样的错误触目皆是，非特别留意不可。

和成语、典故相类似，用了容易发生错误的，还有外国语和方言。外国语除了已经通行的或真没有适当译语的以外，都应当避去，因为不懂外国语的人见了这种辞是不会懂的，已懂外国语的人见了这种辞又要感着累赘讨厌。方言非有特别理由，就是没有适当的辞可代替的时候，也不宜用，因为文章中杂用方言，别地方的人读了往往不容易明了。

（三）注意符号和分段。符号和分段，都是辅助文章使它的意义更比较明确的。符号错误，就易使文章的真意不明，或引起误解。同一句话，因符号不同，意义就不相同。例如：

（1）"大军官正擦额上的汗呢！听见了这句话，遂高声喊道：'全胜！'"这句里"全胜！"本是大军官得意的口吻，所以用叹号"！"表出；若用问号，便是表示那大军官还怀疑别一军官的报告，并且和"遂高声喊道"几个字所表示的情调不称；若用句号，情调自然也不合，而"全胜"二字所表示的不过是事实的直述，再无别的意味。

（2）"我爱他，是很光明的。""我爱他是很光明的。"两句意义全不同：第一句"是很光明的"五个字是指"我爱他"这件事，第二句是指"我"所以"爱他"的原因。

一篇文章虽有一个中心思想，但仔细分析起来，总是联合几个小的中心思想成功的。为了使文章的头绪清楚，应当把关于各个小的中心思想的文字作成一段；换句话说，就是一个小的中心思想应当作一段，而一段中也只应当有一个小的中心思想。文章的内容若十分复杂，一段里面还可分成几小段。分段的标准或依空间的位置，或依时间的顺序，或依事理自然的秩序，全看文章的内容怎样。至于每段的长短，这是全无关系的。

（四）用字上的注意。为使文章明确和翻译外国文便利，关于第三身代名词，这几年常有人主张将"他"字依性别划分，但还没有一定主张；我喜欢单数在男性用"他"，在女性用"她"，在通性用"它"；多数则用"他们""她们""它们"。"的"字也划分成三个：（A）"的"用作代名词和形容词的语尾；（B）"底"用作后置介词，表示"所属"；（C）"地"用作副词的语尾。"那"字原有"询问"和"指示"两种任务；现在也有人主张分成两个，"询问"用"哪"，读上声；"指示"用"那"，读去声。这些分别，于文的明确很有关系，虽未全国通用，但在个人无论采用与否却须一致，否则误解就容易发生。

第二章

记事文

第一节 记事文的意义

将人和物的状态、性质、效用等，依照作者所目见、耳闻或想象的情形记述的文字，称为记事文。例如：

……这一枝梅花只有二尺来高，旁有一枝，纵横而出，约有二三尺长；其间小枝分歧，或如蟠螭，或如僵蚓，或孤削如笔，或密聚如林；真乃"花吐胭脂，香欺兰蕙"。

——《红楼梦》第五十回

案上设着大鼎，左边紫檀架上放着一个大官窑的大盘；盘内盛着数十个娇黄玲珑大佛手；右边洋漆架上悬着一个白玉比目磬，旁边挂着小槌。

——《红楼梦》第四十回

（状态）

可以敌得过代洛西的人，一个都没有，他什么都好，无论算术、作文、图画，总是他第一，他一学即会，有着惊人的记忆力，凡事不费什么力气，学问在他，好像游戏一般。

——《爱的教育·级长》

如今长了七八岁，虽然淘气异常，但聪明乖觉，百个不及他一个！

——《红楼梦》第二回

（性质）

那个软烟罗只有四样颜色，一样雨过天青，一样秋香色，一样松绿色的，一样就是银红的。若是做了帐子，糊了窗屉，远远的看着，就似烟雾一样。

——《红楼梦》第四十回

这就是鲛绡丝所织。暑热天气，张在堂屋里头，苍蝇蚊子，一个不能进来，又轻又亮。

——《红楼梦》第九十二回

（效用）

上面所举的例，都是记事文。所谓人的物的状态、性质、效用等都是静的，空间的这个标准全是就作者的旨趣说，所以有时被记出的虽是动状，仍是记事文，例如：

　　堤上虽有微风，河里却毫没有波纹，水面像镜子一般，映出澄清的天空的影。

——《少年的悲哀》

　　那时候白雾越发降得重，离开房子不过十步路，便看不见那边的窗，只看见一团黑影，里面射出来一条红灯光。河上又发出种奇怪的鼾息声、冰块爆裂声。一只鸡在院子里浓雾中间喔喔的叫着，引起别的鸡也鸣叫起来了，以近及远，慢慢儿一村间只听见一片鸡鸣声音。可是四围除去河流以外，所有都寂静。

——《复活》第十七章

第二节　作记事文的第一步

　　记事文以记述经验为目的，未曾经验的事物当然无从记述。就是有时是根据作者的想象，而所记述的是假设的情形，但想象也不是凭空妄造，须有相当的经验作根据。因为这样，要作记事文先须经验事物，或目见，或耳闻，或参考书籍，从各方面收集材料，更将所得材料按适当的次序排列起来。在初学的人，没有腹案的功夫的，并须将各材料一一地用短文记出。例如要作"西湖"的记事文，先就经验所得，摘出种种的材料。

先查地理书，假定得到下面的材料：

（一）西湖在杭州城西，又名西子湖。

（二）西湖是东南的名胜。

再把自己在游西湖的时候的经验列举出来，假定如下：

（三）从上海坐沪杭车到杭州城站，步行三四里就到。

（四）我到车站的时候，原想坐人力车，后来听说到那里很近，就步行了。

（五）湖直径约十余里，游船往来如织。

（六）舟人说，原有两塔，南面的是雷峰塔，北面的是保俶塔。

（七）水很清，可望见游鱼。

（八）湖滨旅馆很多，我在某旅馆住了几天。

（九）别庄、祠堂相望，风景幽美。

（十）一面滨市，三面皆山。

（十一）山峰连续，最高者是北高峰。

（十一）春夏游人最多，外国人来游的也不少。

（十三）坐小舟行湖中，如入画图。

（十四）有苏白二堤，蜿蜒湖中。

（十五）有林和靖墓、苏小小墓、岳坟等古迹。

（十六）有名的山是北高峰、葛岭、孤山、南屏山等。

（十七）寺观林立，钟声时到游人的耳际。

（十八）某别庄正在那里开工建筑。

（十九）四围多垂柳，远望如绿烟。

（二十）有人在那里钓鱼。

（二十一）山上多树，水底有草。

这样一个个地排列起来（愈多愈好），然后再对于材料进行一种精密的取舍整理。

（注意）这种程序，可应用于一切文体，不但记事文如此。

第三节　材料的取舍和整理

从经验事物虽将各项关于事物（题目）的材料收集起来，但这些材料，对于题目并不全然适切。如果将不适切于题目的材料夹杂进去，文章就有不适切的毛病。选择材料的标准：一是适切题目，二是注重特色。例如以"西湖"为题的记事文，前节所列的材料中，如（三）、（四）、（十八）和（八）的后半部，（六）的前半部，都不是"游西湖记"的材料，不适切题目，应该舍去。（二十）、（二十一）两项不是西湖的特色，也应舍去。

材料取舍完了，其次便是整理。凡是同类的材料，务必集合在一处，将冗繁支离的删去。例如前节（五）的后半部和（十二）可并，因为都是记述游人的情况的；（十一）和

（十六）也可并，因为都是记述山的。

既将材料取舍，整理好了，联缀起来，就成文章。现在将前节所举的材料，依上面取舍整理的结果缀成短文如下：

西湖

西湖又名西子湖，在杭州城西（一），是东南的名胜（二）。湖径广约十几里（五），一面滨市，三面皆山；山峰连续，最高的是北高峰（十一），此外有名的有葛岭、孤山、南屏山等（十六）。原有雷峰和保俶两塔对峙，现只保俶塔巍然矗于北面（六）。苏白二堤蜿蜒湖中（十四）。湖畔有林和靖墓、苏小小墓、岳坟等古迹（十五）；别庄、祠堂相望（九）。寺观林立，钟声时到游人耳际（十七），湖水清浅，可望见游鱼（七）。四围多垂柳，远望如绿烟（十九）。坐小船行湖中，好像入画图（十三）。春夏间游人最多，游船往来如织，外国人慕名来游的也不少（十二）。

练习

试自集材料做下列各题。

（1）我们的学校。

（2）我的故乡。

第四节　记事文的顺序

记事文的顺序大概有两种，一是以观察的顺序为标准，一以事物本身的关系为标准。简单的记事文如前节所举的例，通常用第一种。但要记复杂的事物，这种方法就不适用。如作"飞行机"和"无线电话"等题的记事文，也依作者自己所观察的顺序为文字的顺序，一一联缀起来，那便混杂不清了。

作复杂的记事文，先须注目于关系事物全体的材料，然后顺次及于各部分；各部分的材料中，又是先列大的，后列小的。现在参考书籍，作"鸽"的记事文如下：

鸽是和鸠同类的一种鸟，大都善飞，喜群居。统分野鸽和家鸽两类，家鸽又分菜鸽和飞鸽两种。 （一）

野鸽，性情极凶恶；住在山野树林里，以田禾为食，是农家的害鸟的一种。它的毛全体暗黑，只有背的中央是灰白色，颈和胸前有紫绿色的光泽，眼睛的颜色不好看。 （二）

家鸽为野鸽变种，性情很驯良，可以和家鸡一样给人家喂养。羽毛眼色种种不一。飞翔很快，记忆力很强（1）。其中的一种，菜鸽，比较起来飞得不高，也飞得不远。眼色也不十分好看。只是它的生殖很容易。肉味也很鲜，用来佐菜，喜欢的人极多；就是它的蛋也是很贵重的食品（2）。 （三）

飞鸽，放到远处地方去，它也能自己飞回来，可用以传信。但是它生长很不容易，往往孵不出小鸽，因为难得，售价非常的贵。 （四）

家鸽的品格很多，要分辨它们的好坏和名目，只消看它们的眼睛和毛羽的颜色。 （五）

菜鸽的眼睛虽不十分好看，但也有几种有趣味的；一种姜黄眼，眼球下面，现着砂子，黄颜色里带些红色（1）。一种桃砂眼，眼球下面的砂是桃红色的（2）。又有一种水砂眼，桃砂的桃红色还带些淡红的（3）。无论姜黄眼或桃砂眼，眼球里有几粒黑砂，能够上下流动的，又叫流砂，很是名贵。将鸽的身子颠倒转来，眼球里的几粒黑沙，就慢慢地流下；等到再转身过去，又流转了去，真是有趣（4）。　　　　　　　　　　（六）

飞鸽的眼睛，名目更多，最好看的是藤砂。藤砂又可分成三等：网藤，眼睛里有许多丝，像藤一般的，这种最好（a）；藤砂，只有一二条丝从眼球里现出来，极显明的，比网藤次一些（b）；藤砂中最下等的，丝贴紧在眼球下面，并不显明的（c）（1）。藤砂以外，铁砂眼，眼球里有一种和砂子一般的小粒的（2）；紫砂眼，眼睛颜色带深黑的，也是上品（3）；又有一种朱砂眼，眼睛里有细砂，红得像朱砂一样（4）。　　　　　（七）

这文的顺序画出图来，恰如下所示。

凡是所记的事物非一见一闻就能明了，要从书籍上查考它的效用、构造、历史……都应该用这个方法来记述。

练习

（一）用下列材料作一篇《金字塔》的记事文。

（1）金字塔是五千年前埃及的古建筑，是国王的墓。

（2）金字塔中最大的，高四百八十尺，底的面积九万方尺，是世界上最大的建筑物。

（3）建筑的材料是瓦砖和花岗石。

（4）花岗石中最大的，重数百万斤。

（5）金子塔的里面藏着用木乃伊包被包裹的国王的死骸。

（6）金字塔的材料，有一部分是瓦砖，那么五千年以前就有瓦砖，是很明白的事。

（7）木乃伊在金字塔中多数室内的石棺中藏着。

（8）金字塔内有许多地下室。

（9）所谓木乃伊包被，是像皮布样的一种东西，用包被包裹死骸，可以数千年不腐。

配列上的注意如下：

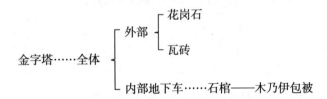

（二）依前法就下题作比较精细的文字。

（1）我的家。

（2）桃。

第五节　文学的记事文

记事文虽以记述事物的状态、性质、效用，使人理解为主；但也有记述事物的美丑的一类，而不以使人理解为目的的。前一类称为科学的记事文，只是作者对于事物的认识的报告，比较偏于客观的，前几节所举的例都是；后一类称为文学的记事文，乃是表现作者对于事物的印象，主观的成分比较多。

例如以"月"为题，就有下面的两种作法：

（一）月是星体中最和人相近的。在天空中，一面绕着地球转动，同时随了地球绕太阳而行。它和地球一样，还有自转。它的自转和绕着地球转动，都大约是二十七日有零一周，所以地球上的人只能和它的大部分相见。月上也有山，山岭最高的约二万六千尺至一万七千尺；如阿奔那尼（Apennines）一山，壁立雄峻的奇峰竟有三千多个。它的本体原是黑暗的，只是反射太阳的光以为光。太阳照着的部分全向地球的时候，看去很圆，这叫作"望"。太阳不照着的全黑的部分向着地球的时候，叫作"晦"。太阳照着的和没有照着的各有一部分向着地球的时候，叫作"弦"。

（二）窗外好像水国，近的屋，远的山，都用不很明白的轮廓，在空中画着。屋角树林的下面，晕着神秘的色光。熄灯以后，月光闯入室内，在床上铺着一条青黄色的光带。夜静了，不知哪里来的呜咽幽扬的笛声，还隐约地在枕上听得。

上面的第一篇，读了虽然可以得到关于月的状态和性质的知识，却不能感到月色的美感和月夜的情趣。这便是科学的记事文。第二篇，却恰好相反，只能给读者以月色的美观和月夜的情趣，至于月的性质和状态，却一点不曾写到。这是文学的记事文。

作文学的记事文须观察经验，对于材料选择、整理，与作科学的记事文一样。除了这些条件以外，还须特别注意下列各项。

（1）想象。因为文学的记事文，是表现作者所得的印象，所以在记述事物以前，必须将要表现的印象重现于心中，然后执笔。

即如前例关于"月"的文字，内中都是作者曾经目见过的光景，不是凭空假造的。在作这文时，只是将旧有的印象——在心中再现，然后依样记述。作这类的文字务必依自己所感受的记述，不可依赖成语来堆砌，如说到月，不可便用些"月白风清""月明星稀"之类的话。这是第一步功夫，也是最难的事；但唯其难能，所以可贵，能够做到，就不愧为作家了。

（2）注意特色。作文学的记事文，虽然要依作者自己所感受的记述，但局部的琐碎记述，不但不能使光景活现，并且不能使人得到所记述的事物的深刻的印象；所以必须捉住特色，舍弃其余，任读者自己补足。例如记述人物，把他的眉毛、眼睛、鼻头都记上几百字，分裂、琐碎，令人看了就要莫名其妙，不能使所记的人物的状貌在读者心中活现了。现从小说中找几条例来看：

第一个肌肤微丰，身材合中；腮凝新荔，鼻腻鹅脂；温柔沉默，观之可亲。第二个，削肩细腰，长挑身材，鹅蛋脸儿，俊眼修眉，顾盼神飞，文采精华，见之忘俗。

——《红楼梦》第三回

这马兵都头，姓朱名仝，身长八尺四五，有一部虎须髯，长一尺五寸，面如重枣，目若朗星，似关云长模样，满县人都称他美髯公。……那步兵都头，姓雷名横，身长七尺五寸，紫棠色面皮，有一部扇圈胡须，为他膂力过人，跳二三丈阔涧，满县人都称他做插翅虎。

——《水浒》第十二回

她身材不甚高大，胸脯十分丰满……脸显得特别的白，这种样子真和久居家中闭户不出的人的脸色相同，仿佛番薯深藏地窖里所变成的颜色一般。她双手十分阔，却不很大：头颈从大衣领里透出来，显得又白又胖。在她那雪白光泽的脸上，一双又黑又亮的眼睛不住地闪动，眼神虽然显出十分疲乏的样子，却还有活泼气象，内中有一只眼睛略为斜一点。

——《复活》第一章

这三个例，第一二个虽是旧式的描写法，但寥寥数言中，却能表出迎春和探春、朱仝和雷横的状貌。第三个，也足以表现一个堕落了而久居监狱的女子的神气。所以能够这样，就是捕捉了特色的缘故。

（3）抒述心情。要使所记述的事物在读者心中活跃，不但须记述客观的事物，还须记述主观的心情。换句话说，就是须记述从感觉上得来的印象。所以，要作好的文字，非对于事物有锐敏的感觉不可。例如：

夏天的太阳已经下了山；跟着就要睡去的树林中，满了森然的寂寞；建筑用的大松的树梢上，反映着就快烧完的晚红，还带着些红光，下面却已经薄暗，带着些湿气了。好像从树枝蒸发出来的又干又触鼻的香气，微微地可以闻得。从远山野火飘来可厌的烟气，夹杂在香气中，却分外的强烈，柔软的夜，不知在什么时候，无声无响地落到地上了。乌到太阳没落，也停止了声音，唯有啄木鸟还用了很倦怠的音调，在那里发梦呓似的单调的微音。

——《泥沼》

读了这段文章，那夏日傍晚松林中的一种蒸郁寂寞的景象，好像目见身历了。感觉在近代文学上有重要的地位，文字上能加入感觉，就有生气。与其说，"寒风吹着面孔"，不如说，"寒风刀刮似地吹着面孔"；与其说，"麦被风吹动"，不如说，"麦被风吹得浪一般地摇动"。因为后者比前者有生气，容易使读者得着印象。我国从来的文章都只记事物，不记情感，实是很大的缺点。

这里所应当注意的，就是所记述的感觉，并不是故意加入的事。作者对于事物果能精密地观察，对于记述果能诚实不欺，心情和感觉自然会流露于笔端。如果只是将这一类的辞硬加上去，不特（不仅）不好，而且可厌。旧式文章中，凡记述风景的时候，末尾常附加"诚胜地也"或"鸣呼叹观止矣"之类的文句；记述悲惨的人事的时候，末尾必加"鸣呼可以风矣"或"噫不亦悲夫"一类的文句。其实,是否"胜地",能否算得"观止","可风""不可风","堪悲""不堪悲",都要读者自己去领略的,不能由作者硬用主观的意见做命令式的强迫。因此这方法现在已不适用,特别在纯文学上不能适用。

(4)使用含着动作的词句。含着动作的词句,比较地容易引起读者的印象。例如:与其说,"门前有小河,隔岸有高山",不如说,"门前流着小河,隔岸耸着高山";与其说,"海边有鹤",不如说,"海边有鹤飞过"。

不但这样,凡要表示事物,必须在事物有动作的时候,不可在它静止的时候。例如记述学校,必须记它授课或散课的时候;记述城市,必须拣它人马杂沓的时候;记述人物,必须在他言语动作的时候。例如:

大学生缓缓地懒懒地走着,将手掠着大麦的顶,叫天子和冠雀在他脚边飞起,又像石子一般地落在密生的大麦丛里。

——《诱惑》

太阳光正攻击着树林,从繁茂的顶叶上穿过,直用那温和的光亮射在白杨的树干上，竟使这些树干变成松树的干子一般，树叶也都变成蓝色。上面笼罩着蓝白的天，晚霞照着，带了点胭脂的颜色，燕儿高高的飞着，风儿几乎死去了；怠惰的蜜蜂懒洋洋睡沉沉在丁香花上飞着；白蚋虫成群的在单独的远延的树枝上打着旋。

——《父与子》

练习

就下列各题作短文。

（1）春的田野。

（2）元旦的上午。

（3）秋的傍晚。

第三章

叙事文

第一节 叙事文的意义

记述人和物的动作、变化，或事实的推移的现象的文字，称为叙事文。例如：

宝钗与黛玉回至园中。宝钗因约黛玉往藕香榭去，黛玉因说还要洗澡，便各自散了。

——《红楼梦》第三十六回

（**人的动作**）

汽笛曼声的叫了。汽船画圆周，缓缓的靠近埠头去。

——《省会》

（**物的变化**）

叙事文原和记事文一样，同是记述事物的文字；不过记事文以记述事物的状态、性质、效用为主；而叙事文以记述事物的动作、变化为主。所以记事文是静的，空间的；叙事文是动的，时间的。例如：

（一）牵牛花有红的、紫的，颜色虽很美观，但少实用。

这是述说牵牛花的形状和性质的，是记事文。

（二）院里的牵牛花，红的，紫的，都很鲜艳地开了。

这是述说牵牛花的变化的，是叙事文。

第二节　记事文和叙事文的混合

文体的分类，原只是为说明便利和作者自身态度不同，实际上并没有纯粹属于某种体裁的文字，记事文和叙事文虽因所记述的对象不同而有区别，在一篇关于事物的记述的文字中，总是互相混杂的。例如："今天开了三朵牵牛花（叙事），一朵是红的，两朵是蓝的（记事）。"如果改成"今天一朵红的和两朵蓝的牵牛花开了"，便是纯粹的叙事文（甲）；又若改为"今天开的三朵牵牛花，一朵是红的，两朵是蓝的"，就是纯粹的记事文了。因为（甲）的目的，在使读者知道牵牛花的变化；而（乙）的目的，在使读者知道牵牛花的状态。

总之，叙事文和记事文只是作者依旨趣和记述的对象不同，试将下例玩（品味）其记叙混合的样子，就可更明白了。

翌晨，玛尔可负了衣包，身体前屈着，跛着脚，彳亍入杜克曼布（叙）。这市在阿根廷共和国的新辟地中算是繁盛的都会（记），玛尔可看去，仍像是回到了可特准、洛赛留、培诺斯爱列斯一样（叙）。依旧都是长而且直的街道，低而白色的家屋。奇异高大的植物，芳香的空气，奇观的光线，澄碧的天空，随处所见，都是意大利所没有的景物（记）。进了街市，那在培诺斯爱列斯曾经验过狂也似的感想，重行袭来。每过一家，总要向门口张望，以为或可以见到母亲。逢到女人，也总要仰视一会，以为或者就是母亲。要想询问别人，可是没有勇气大着胆子叫唤。在门口立着的人们，都惊异地向着这衣装褴褛满身尘垢的少年注视。少年想在其中找寻一个亲切的人，发他从胸中轰着的问话。正行走时，忽然见有一旅店（叙），招牌上写有意大利人的姓名。里面有个戴眼镜的男子和两个女人（记）。玛尔可徐徐地走近门口，振起了全勇气问："美贵耐治先生的家在什么地方？"（叙）

——《爱的教育·六千里寻母》

练习

试将下文的叙事和记事的部分分析出来。

伊的避暑庄边有一个小小的丘样的土堆，汽船在这前面经过。每逢好天气，伊便走到那里，白装束，披着长的卷螺发，头上戴一顶优美的夏帽子。伊躺在丘上面，用肘弯支拄起来，将衣服安排好许多的襞积，卷螺发的小团子在肩膀周围发着光，而且那一只手，那支着脸的，是耀眼的白。在自己前面伊摊着一本翻开的书；但眼光并不在这里，却狂热的射在水面上。伊这样的等着伊的豪富的高贵的新郎，伊的幻想的目的。只要他在船上，他便应该看出伊在山上的了。他们看见而且感动而且赶到伊这里来，那只是一眨眼间的事。

——《疯姑娘》

第三节　叙事文的要素

　　照物理学的说法，一切的现象都含有四个要素：物质、能力、时间、空间。譬如"今天上午八点四十分火车从江湾开出"，这一个现象，"火车"是物质，"开出"是能力的作用，"今天上午八点四十分"是时间，"江湾"是地方。叙事文既是记述现象的，所以也有四个要素：（一）现象的主体，（二）现象的演变，（三）现象发生的时间，（四）现象发生的场所。例如：

　　那日正当三月中浣，早饭后，宝玉携了一套《会真记》，走到沁芳闸桥那边桃花底下一块石头上坐着，展开《会真记》从头细看。正看到"落红成阵"，只见一阵风过，树上桃花吹下一大斗来，落得满身满书满地皆是花片。宝玉要抖将下来，恐怕脚步踏践了；只得兜了花瓣来至池边，抖在池内。那花瓣浮在水面，飘飘荡荡竟流出沁芳闸去了。回来，只见地下还有许多花瓣。

——《红楼梦》第二十三回

这一段叙事文虽然很短，所有的要素都完全了。分列如下：

（一）主体：宝玉。

（二）事实：看《会真记》，收拾落花。

（三）时间：三月中浣某日早饭后。

（四）场所：沁芳闸桥。

第四节　叙事文的主想

叙事文和记事文一样，对于材料须有所选择。选择的标准，除记事文所说的"适切题目"和"注意特色"以外，还因文的目的而定。这个目的在叙事文中就是主想，大体有三类：

（一）以授与教训为主。例如传记等。

（二）以授与知识为主。例如历史等。

（三）以授与趣味为主。例如小说等。

因了主想的不同，材料选择取舍的标准也就不一样。即如要叙述岳飞的事迹，作第一类的叙事文，应当对于他的家教、性行、轶事、格言等详加叙述，而于他的生卒年月、生的地方、官职、战功等却用不着详说；作第二类的叙事文却恰好相反，生卒年月等应当详尽，家教、轶事等只得省略；至于作第三类的叙事文，不但材料的选择不同，并且叙述的方法也就相异。《少年丛书》中的岳飞是第一类叙法，《宋史》中的岳飞是第二类叙法，《说岳传》中的岳飞是第三类叙法。总括一句，第一类以善为主，第二类以真为主，第三类以美为主。

自然，这种分类不过是就概括的旨趣说，同一文字，有兼两种色彩，或竟兼三种色彩的，不过多少总有所偏重；这偏重的地方，便是一篇文字重要的目的，也就是主想。

作叙事文的时候，材料搜集好了，就要确定主想。主想一定，然后将材料依主想来选择，与主想有关系的便取，无关系的就舍。但有一点须注意，就是同一材料应当取舍，不是材料本身的重要与否的问题，而是与主想的关系重要与否的问题。

例如以"夏日游海边记"为题，而主想是"这日很热，到了海边真凉快"，假定全体材料中有下列各项：

（一）同行某君，他的父亲是个文学家。

（二）我坐了人力车到火车站。

（三）在车站买了车票，然后上车。

（四）火车逢站都停。

就一般的情形说，这种材料本身实不很重要，而于本文的主想的关系也不深；但如果还有别的材料相关联，因而发生重要关系的时候，却就都有用了。如文章像下面的时候，这种材料就用得着：

因为太热，并且我是病后，所以坐了人力车到车站（二）。好像我的车慢了，到车站的时候，车已要开，我就急忙买了车票，飞跑上车（三）。这部是慢车，每站都停，车中又热，烦躁极了（四）。同行某君是某文学家的儿子，很有文学趣味，一路和他谈论文学上的事，免了不少的寂寞（一）。

这样的叙述，所有好像不必要的材料都因了别的材料引到与主想关系重要的地位，就成为有用的了。反之如海边的人口若干，海边的故事、古迹等，如无别的关联，就不是重要的材料。

练习

就下列各题作文。

（1）游西湖记。

（2）诸葛亮（参考《少年丛书》《平民小丛书》等）。

第五节 叙事文的观察点

叙事文所叙述的材料，不但是从作者自己经验得来，还有从别人的传说或书籍的记载得来的。材料的来处既然不一，或从甲面说，或从乙面说，当然不能一致。将许多材料连缀成文的时候如果也这样混乱，文章就有头绪不清、不易了解的毛病。即以《三国志》一书而论，关于诸葛亮伐魏的事，有时说"丞相出师"，有时说"诸葛亮入寇"，就各段分开来看，固然没有什么不合的地方。但就作者陈寿一个人的笔下而论，一个是以蜀为主体，一个是以魏为主体，居然有两样的观察点，就未免不当了。叙事文的观察点，就是作者所站的地位，可分为三种。

（一）居于发动者一边。例如说"丞相出师"，就是以发动者的蜀为观察点的。

（二）居于受动者一边。例如说"诸葛亮入寇"，就是以受动者的魏为观察点的。

（三）居于旁观者一边。例如说"诸葛亮出师略魏"，就是以旁观者的地位为观察点的。

作叙事文须确定一种的观察点，全篇统一，不应摇动。通常的叙事文，以居于旁观者的地位的居多。但在旁观者的地位，作者对于各方面也要保持观察点的一致，不可随意变更。

例一

杨么乘舟湖中，兵在楼上发矢石（1），官军仰面攻之，见舟而不见人，因而失败。岳飞下令伐君山的树为巨筏，塞满港汊，又用腐木乱草由上流放下，布置稳当，才和杨么开战（2）。杨么船遇了草木，轮不能鼓动，贼奔走港中，又被木筏所拒，因被牛皋捉着，诸贼皆降（3），果然八日就打平了（4）。

——《平民小丛书·岳飞》

这段本是以旁观的地位来记述的，却是观察点变了几次，（1）从杨么方面，（2）从岳飞方面，（3）再从杨么方面，（4）又从岳飞方面。逐条错乱，文字使人觉得繁杂不堪。若以杨么方面为主改成下面的（一），或以岳飞方面为主改成下面的（二），那么文气就一致了。

（一）杨么乘舟湖中，兵在楼上发矢石，使官军仰面来攻，见舟不见人，因而致胜。后来又和岳飞打仗，战船遇了岳飞从上流放下来的腐木乱草，轮不能鼓动；奔走港中，又被岳飞伐君山的树所作的巨筏所拒，就被牛皋捉着，部下皆降。

045

（二）官军因杨么乘舟湖中，兵在楼上发矢石，仰面攻之，见舟而不见人，乃失败。岳飞下令伐君山的树为巨筏，塞满港汊，又用腐木乱草由上流放下，布置妥当，才和杨么开战。草木既遇杨么的船，使轮不能鼓动，逼之奔港中。而木筏又拒不令进。牛皋就将杨么捉着，并招降诸贼。果然八日就打平了。

例二

紫鹃在屋里，不见宝玉言语，知他素有痴病，恐怕一时实在抢白了他，勾起他的旧病，倒也不好了；因站起来，细听了一听，又问道："是走了还是傻站着呢？有什么又不说？尽着在这里恼人！已经恼死了一个，难道还要恼死一个么！这是何苦呢？"说着，也从宝玉舐破之处往外一张。见宝玉在那里呆听，紫鹃不便再说，回身剪了剪烛花。忽听宝玉叹了一声道："紫鹃姐姐！你从来不是这样铁心石肠，怎么近来连一句好好儿的话都不和我说了？我固然是个浊物，不配你们理我；但只我有什么不是，只望姐姐说明了，哪怕姐姐一辈子不理我，我死了倒做个明白鬼呀！"紫鹃听了，冷笑道："二爷就是这个话呀！还有什么？若就是这个话呢，我们姑娘在时，我也跟着听俗了！若是我们有什么不好处呢？我是太太派来的，二爷倒是回太太去。左右我们丫头们，更算不得什么了！"说到这里，那声儿便哽咽起来，说着，又醒鼻涕。宝玉在外知他伤心哭了，便急的踩脚道："这是怎么说？我的事情。你在这里几个月，还有什么不知道的。就便是别人不肯替我告诉你，难道你还不叫我说，教我憋死了不成！"说着，也呜咽起来了。

——《红楼梦》第一百十三回

这文中，除末了"宝玉在外知他伤心哭了，便急的踩脚道：'这是怎么说……'说着，也呜咽起来了"一段外，都是从紫鹃方面说的。如果把这段改为："只听得宝玉在外，好像知他伤心哭了，急的踩脚道：'这是怎么说……'说着，也呜咽起来了。"那就全体都是从紫鹃方面叙述了。

例三

从前阿拉伯地方，有一个养骆驼人家的儿子，名叫亚利，因为有要事要和他在斯哀治的父亲接头，骑了骆驼，带了水瓶，附队商出发。一路上队商彼此谈谈说说，亚利却只有自己的骆驼和

047

他做朋友。他恨不得就看见他的父亲。

热带的太阳，火一样地照着沙漠。遇着难得的有树木和泉水的地方，大家就在此休息，解渴，再把水装满了水瓶，然后出发。夜了就在帐篷中住宿。

这样到了第四日，正午忽然起了大风，把沙吹得满天，走不来路，大家只得中止进行。后来风息了，沙也不飞了，却是出了一桩极大的困难，原来以前是依着骆驼的足迹走的，经过大风以后，骆驼的足迹如数消灭，方向也认不清楚，大家走来走去，总是找不出路来。这时候水瓶中的水，已经完了，没法再得水，大家都弄得没有方法了（以上是从亚利一面说的）。

天夜了，队商中一人说："如果明日还不能寻得有水的地方，那么只有把骆驼来杀掉一匹，吃它肚里的水了。"别一个见亚利奔波以后倦睡了，便说："与其杀别个的骆驼，还是杀那小儿亚利的罢。"这样二人在那里商量（观察点转到队商方向去了）。

亚利倦睡中，听见有人说他的名氏，便仍装了睡着的样子细听。听得二人在那里商量要杀他的骆驼，大惊，他想："如果与他们同伴，骆驼就要被他们杀死。"不能再犹豫了，等到他们睡熟，就偷偷地把骆驼牵出，骑着逃了。

天上照耀着无数的星。亚利因他叔父的平常指示，略晓得关于星辰的事情，大略地知道何星在南，何星在北，他凭着了他这点的知识，定了一个方向，鞭着骆驼前进。

在这样试探方向的当中，天渐渐地亮了；忽见沙上有骆驼新行过的足迹。亚利得了这骆驼足迹的帮助，一直向南走，到了傍晚，隐约地看见前面有火光，急上去看，见有一群队商，在那里张幕野宿，亚利即从骆驼跳下，和他们讲自己受困的情形，请求他们和他同伴（观察点又转到亚利方面来了）。队商听了亚利的告白，大家都感动起来，允了亚利的要求（观察点转到队商方面去了）。在斯哀治的父亲，早几天就晓得亚利要来，等得不耐烦起来了，恰好有还乡的朋友，就同伴回来，想在路上碰见亚利（观察点转到亚利父亲方面去了）。

亚利得了新同伴，就安了心，忽然听得许多骆驼的足音，见又有一群旅客从南方来了。这群旅客之中，有一个就是他的父亲，亚利意外地得着父子相遇，不觉悲喜交集了！

亚利和父亲无恙归家，把路上一切始末，详告他的母亲（观察点又转到亚利方面来了）。

亚利的母亲自从送亚利出门以后，心中怀着各种的忧虑，听了亚利的话，就很欢喜，称赞亚利的勇气（观察点转到亚利的母亲方面去了）。

这篇文字，观察点变动了好几次，如果要专从亚利方面说，那么第四段以后的文字应该改作如下：

天夜了，亚利奔波以后，正倦睡着，忽然从睡梦中听见同伴队商的话声，一人说："如果明日还不能寻得有水的地方。那么只有把骆驼来杀掉一匹，吃它肚里的水了。"又一人说："与其杀别个的骆驼，还是杀那小儿亚利的吧。"

亚利听了这一番话，心里想道："如果与他们同伴，骆驼就要被他们杀死，不能再犹豫了！"于是等到他们睡熟时候，就偷偷地把骆驼牵出骑着逃了。

天上照耀着无数的星，亚利因他叔父平日的指示，略晓得关于星辰的事情，大略地知道何星在南，何星在北，他凭着了他这点的知识，定了一个方向，鞭着骆驼前进。

在这样试探方向的当中，天渐渐地亮了，忽见沙上有骆驼新行过的足迹，亚利得了这骆驼足迹的帮助，一直向南走，到了傍晚，隐约地看见前面有火光，急上去看，见有一群队商，正在那里张幕野宿。亚利急从骆驼跳下，和他们讲自己受困的情形，请求他们和他同伴。亚利的告白很感动了队商，他的请求也被他们许可了。

亚利得了新同伴，正安着心，忽然听得许多骆驼的足音，见有一群旅客从南方来了。这群旅客之中，不料有一个就是他的父亲，后来晓得他父亲在斯哀治早知亚利要来，等得不耐烦起来了，恰好有还乡的朋友，就同伴回来，想在路上碰见亚利的。亚利意外地得着父子相遇，不觉悲喜交集了。

亚利和父亲无恙归家，把路上一切始末，详告他的母亲，他的勇气大被母亲称赞。

这样改作以后，观察点一致，文字就一气，不犯繁滞的毛病了。叙事文原是把事件来展开使人看的，性质好像戏曲。观察点的变动，就是戏曲中幕的更动，戏曲中幕不应多变，叙事文的观察点也不应多变。

叙事文因观察点不同，对于同一材料，可作成各方面的文字。这步功夫，在学作叙事文上，很是重要。有这样功夫的作者，对于一件事就能理解要从哪方面叙述才省事。

练习

下面的例，是以旁观者的态度作的文字。试置观察点于裁判官方面，把它改作成一篇裁判官写给朋友的信。

有一位富人，向朋友讨债。这位朋友说并不曾借钱，想把债赖了。富人不得已，诉诸法庭。裁判官问原告："你在何处借钱给他？"原告回答说："在某处大树下。"裁判官说："那么要叫大树来做证人了。"就命法吏执行召唤证人的手续。停了一会，裁判官对着表，独自说："证人就快来了。"这时被告不觉自语道："从这里到那棵大树，有六七里路，恐怕没有这样快吧！裁判官听了这话，就说："你晓得大树所在的地方，这就是你曾经受过钱的证据。"于是把这案判决如下：

"被告曾经向原告借钱，已自身证明，因此，被告应该把钱还给原告。"

第六节　观察点的变动

照前节所说，叙事文的观察点不应变更，使文气一致而不散漫冗繁。但这只是一般的原则，在长篇的或复杂的叙事文，要将各方面的情形都表现得适当，却不得不变动。大概，事实的间接叙述比直接叙述不易生动，所以在两件或多件事实有相同的重要，而只从一个观察点出发要将各方面都表现出来又非常困难时，观察点就不得不变动了。例如：

亲家再三不肯，王玉辉执意，一径来到家里，把这话对老孺人说了。老孺人道："你怎的越老越呆了！一个女儿要死，你该劝他，怎样倒叫他死？这是什么话说！"王玉辉道："这样死，你们是不晓得的。"老孺人听见，痛哭流涕，连忙叫了轿子去劝女儿了。

王玉辉在家依旧看书写字，候女儿的消息。

老孺人劝女儿，哪里劝得转，一般每日梳洗，陪着母亲坐，只是茶饭全然不吃。母亲和婆婆着实劝着，千方百计，总不肯吃，饿到六天上，不能起床。母亲看着，伤心惨目，痛入心脾，也就痛倒了，抬了回来，在家里睡着。又过了三日，二更天气，几个火把，几个人来打门，报道："三姑娘饿了八日，在今日午时去世了！"

——《儒林外史》第四十八回

这段文的目的，虽是在写出一个中了礼教的毒的人为虚荣，忍心看着自己的女儿饿死；但王玉辉、老孺人和他们的女儿三个人的情况，都同样重要。并且，假定从王玉辉一方面叙述，那么老孺人劝女儿和女儿未死前的各种事情都无从表现，或难于表现；就是从别一方面叙述，也同样地不能周到。在这种时候，观察点虽变动了好几处，也是应当的。

叙述一件事，哪几方面的关系重要，以及哪些应当表现，哪些不应当表现，全依事件的性质，由作者自己的意见去判断，没有一个简明的标准。凡是有剪裁功夫的作者，当然能够得到这种标准的。上面所举的例，也可以说是有剪裁功夫的。

第七节　叙事文的流动

叙事文的对象，是事物的现象的展开，这展开的情形被叙述成文字的时候，就成了文字上的流动。现象的展开不止，文字的流动也就仍然继续，所以流动是叙事文的特色。

一件事的展开虽有一定的速度，但叙述这件事的文字，它的流动却有快慢。将事件展开的情况绵密地叙述，把事件中各方面详细地描写的，是慢的记事文，只述事件的概要和其中各方面的大意的，是快的叙事文。例如：

宋江起身净了手，柴进唤一个庄客，提碗灯笼，引领宋江东廊尽头处去净手，便道："我且躲杯酒。"大宽转穿出前面廊下来，俄延走着。却转到东廊前面，宋江已有八分酒，脚步趄了，只顾踏去。那廊下有一个大汉，因害疟疾，当不住那寒冷，把一锹火在那里向。宋江仰着脸，只顾踏将去，正趷在火锹柄上；把那火锹里的炭火都掀在那汉脸上。那汉吃了一惊，惊出一身汗来。那汉气将起来，把宋江劈胸揪住，大喝道："这是什么鸟人！敢来消遣我？"宋江也吃一惊，正分说不得，那个提灯笼的庄客慌忙叫道："不得无礼——这位是大官人最相待的客官！"那汉道："'客官'，我初来时也是客官！也曾最相待过！如今却听庄客搬口，便疏慢了我，正是'人无千日好！'"却待要打宋江，那庄客撇了灯笼，便向前来劝。正劝不开，只见两三碗灯笼飞也似来，柴大官人亲赶到说："我接不着押司，如何却在这里闹？"那庄客便把趷了火锹的事说了一遍。柴进笑道："大汉，你不认得这位奢遮的押司？"那汉道："奢遮杀，问他敢比得我郓城宋押司，他可能？"柴进大笑道："大汉，你认得宋押司不？"那汉道："我虽不曾认得，江湖上久闻他是个及时雨宋公明——是个天下闻名的好汉！"柴进问道："如何见得他是天下闻名的好汉？"那汉道："却才说不了，他便是真大丈夫，有头有尾，有始有终！我如今只等病好时，便去投奔他。"柴进道："你要见他么？"那汉道："不要见他说甚的？"柴进道："大汉，远便十万八千里，近便只在面前。"柴进指着宋江便道："此位便是及时雨宋公明。"那汉道："真个也不是？"宋江道："小可便是宋江。"那汉定睛看了看，纳头便拜，说道：
"我不信今日早与兄长相见！"宋江道："何故如此错爱？"那
汉道："却才甚是无礼，万望恕罪，有眼不识泰山！"跪在地下
哪里肯起来？宋江忙扶住道："足下高姓大名？"

——《水浒》第二十一回

这是慢的叙事文。

宋江因躲一杯酒，去净手了，转出廊下来，趴了火锹柄，引
得那汉焦躁，跳将起来，就欲要打宋江。柴进赶将出来，偶叫起
宋押司；因此露出姓名来。那大汉听得是宋江，跪在地下哪里肯
起？说道："小人有眼不识泰山，一时冒渎兄长，望乞恕罪。"
宋江扶起那汉问道："足下是谁？高姓大名。"

——《水浒》第二十二回

这段所叙的事实和前段相同，只是简单得多，这是快的叙
事文。

快的叙事文，以叙述事件的轮廓为目的；慢的叙事文，以

叙述事件的情况为目的。两者的分别，正和中国画的写意画和工笔画相同。大体说来，小说属于慢的一类，历史属于快的一类。莎翁的剧本是慢的，兰姆兄妹（其实是玛丽·兰姆和查尔斯·兰姆姐弟）所作的《莎翁乐府本事》（《莎士比亚故事集》）就快了。《三国志》是快的，《三国演义》就慢了。

第八节　叙事文流动的中止

叙事文的特色既然在流动，所以不但这流动须快慢适当，还须慎防中止。所谓流动中止，就是由时间的、动的叙事文，突然转到冗长的、空间的、静的记事文；或插入说明，使动态一时停滞。

例一

原来王夫人时常居坐宴息亦不在这正室，只在东边的三间耳房内，于是老妈妈引黛玉进东房来。临窗大炕上铺着猩红洋毯，正面设着大红金线蟒引枕，秋香色金线蟒大条褥。两边设一对梅花式洋漆小几；左边几上文王鼎，匙，箸，香盒，右边几上，汝窑美瓶，内插着时鲜花卉，并茗碗、茶具等物。地面下，西一溜四张椅子上都搭着银红撒花椅袱，底下四副脚踏；两边又有一对高几，几个茗碗花瓶俱备；其余陈设，不必细说。

——《红楼梦》第三回

这段文中，除了第一句是叙事文以外，流动全然中止，以后都成了王夫人房中的记事文。若非把这一大节叙上不可，应当将所记的情况都改成由黛玉眼中看出的，而将末了"其余陈设，不必细说"的话删去，那么流动就没有停滞了。

例二

蒋门神见了武松心里先欺他醉，只顾赶将入来。说时迟，那时快；武松先把两个拳头去蒋门神脸上虚影一影，忽然转身便走。蒋门神大怒抢将来，被武松一飞脚踢起，踢中蒋门神小腹上，双手按了，便蹲下去。武松一踅，踅将过来，那只右脚早踢起，直飞在蒋门神额角上，踢着正中，望后便倒。武松追入一步，踏住胸脯，提起这醋体儿大小拳头，望蒋门神头上便打，

（原来说过的，打蒋门神扑手：先把拳头虚影一影，便转身，却先飞起左脚；踢中了，便转过来，再飞起右脚；这一扑有名，唤做"玉环步，鸳鸯脚"。——这是武松平生的真才实学，非同小可！）打得蒋门神在地下叫饶。

——《水浒》第二十八回

这段文中，括弧内的话都是作者所加的解释，这种说明加到叙事文中，也是使流动停滞的原因，若删去了，流动便连续不断，极有生趣。

第九节 叙事文流动的顺逆

叙事文是根据事物的变化来展开的，所以流动的方向也有两种：第一种，照那变化自然的顺序，依次叙述，这是顺的；第二种，因为要叙明变化的前因后果，或并行的事件，不能全然依照自然的顺序而要有所颠倒，这是逆的。例如：

天气很冷，天下雪，又快要黑了，已经是晚上——是一年最末的晚上。在这寒冷阴暗中间，一个可怜的女孩光着头，赤着脚，在街上走。伊从自己家里出来的时候，原是穿着鞋，但这有什么用呢？那是很大的鞋，伊的母亲一直穿到现在，鞋就有那么大。这小女孩见路上两辆马车飞奔过来，慌忙跑到对面时鞋都失掉了。一只是再也寻不着，一个孩子抓起那一只，也拿了逃走了。他说：将来他自己有了小孩，可以当作摇篮用的。所以现在女孩只赤着脚走，那脚已经冻得全然发红发青了。在旧围巾里面，伊兜着许多火柴，手里也拿着一把，整日没有一个人买过伊一点东西，也没有人给伊一个钱。

——《卖火柴的小女孩》

今年盐政点得是林如海。这林如海姓林名海，表字如海，乃是前科的探花；今已升兰台寺大夫，本贯姑苏人氏；今点为巡盐御史，到任未久。原来林如海之祖曾袭过列侯，今到如海，业经五世。起初只袭三世，因当今隆恩圣德，额外加恩，至如海之父又袭一代，至如海便从科甲出身。

——《红楼梦》第二回

这两例中有好几处是逆行的。逆行虽有不得不用的时候，初学的人却宜注意，大概在普通的叙事文是用不到的。

练习

（1）试将读过的叙事文，举两个观察点变动的例子。

（2）试将读过的慢的叙事文，举出一篇改成快的。

第四章

说明文

第一节 说明文的意义

解说事物，剖释事理，阐明意象；以便使人得到关于事物、事理或意象的知识的文字，称为说明文。例如：

一旁是字的形，一旁是字的声，所以叫做形声。

——《中国文化的根源和近代学问的发达》

科学的起源，不是偶然发见的，因为人类是有理性的动物，有种种心理的根据，所以发生科学。

——《科学的起源和效果》

说明文的性质，有时好像和科学的记事文相同，有时又好像和叙事文类似；其实全不一样。

说明文和科学的记事文有什么区别呢？最重要的一点，就是对象的范围不同。科学的记事文虽也是以记述事物的状态、性质、效用为主；但以特殊的范围为限，是比较具体的；说明文以普遍的范围为对象，是比较抽象的。如第二章第一节所举的例，第一个是记述一枝梅花的状态，第二个是记述屋内一部分的陈设，第三个是记述一个人的性质。范围既狭，所记述的也比较具体，使人读了自然可以就得到那些知识。但若要讲到"植物""房屋的构造"和"人类的通性"等一般的事实，以及抽象的事理如"文学的意义""实验主义"等，范围就扩大得多，不是记事文所能胜任的了。

说明文和叙事文的分别比较容易。关于事实的说明，对象虽和叙事文相同，但形式全然相异。如"今天上午八点四十分火车从江湾开出"，是叙事文的形式；而"火车从江湾开到上海是在今天上午八点四十分"，便是说明文的形式。还有一个区别，叙事文可带作者主观的色彩，说明文却不许可。

第二节　说明文的用途和题式

说明文本来是用较浅近明了、易于理解的文字去解明事物或事理，使它的关系明了，范围确定，意义清晰，给人以关于该事物或事理的普遍的正确的知识，所以用途很广。教师的讲义，科学的教科书，大半是说明文，固不必说；就是学术上的定义，字典上的解释，古书上的注解，事实真相的传达，凡足以使人得到明确的观念和理解的，都要用到说明文。

说明文的题式通常有疑问式和直述式两种。

（一）疑问式

（甲）书籍是什么？（乙）何谓文学？（丙）科学怎样起源的？

（二）直述式

（甲）书籍；（乙）文学；（丙）科学的起源。

在古文中还有用"说"字或"原"字加到题上的，如"士说""原君"之类，但文中多羼入议论，所以不能因题式而判断文体。

第三节　说明文的条件

说明文最简单的形式，就是单语的定义；复杂的说明文，无非是单语的定义的集合和它们的引申。先就单语的定义来讨论。

例如，"人是有理性的动物"是规定"人"的意义的，就是用"有理性的动物"六个字合起来说明"人"的概念。在这六个字中，又可分成两部分：一，"动物"；二，"有理性的"。"动物"是"人"所属的类；"有理性的"是"人"在所属的类中所具的特色，就是"人"和所属的类中的其他的东西相差的地方，论理学上叫作种差。所以最简单的说明文的形式是：类+种差。

但通常的说明文只是这样简单，不能就明了，非更详尽不可。因为说明文所说明的既不一定简单，而又是对于未知某事物、某事理的人才有作的必要，所以作法上必须的条件便须加多，共有六个，分说如下。

（一）所属的种类。为了要使所说明的事物和其他关系较远的事物分离，所以须述它所属的种类；如要使"人"和植物、矿物等分离，就先说他是动物。又以"书籍"和"书信"为例：

（甲）书籍是印刷物。

（乙）书信通常是手写的。

（二）所具的特色。将所属的种类虽已叙述而能使它和其他关系较远的事物分离，但还要使它和关系较近的同属于一类的分离，所以必须述它的特色；如要使"人"和一切别的动物分离，必须叙述他的特点——"有理性的"。

（甲）书籍是预备永久保存，给多数人看的。

（乙）书信是处理一时的事情，代谈话用的。

（三）所含的种类。因要内容明了，使人更易理解，而且理解的内容更充实，所以将事物所包含的种类叙述也是必要。但分类原须有一定的标准，所以叙述分类须将所用的标准同时叙出。

（甲）书籍在版本上，有刻版的、铅印的；在装订上，有洋装的、中国装的；在文字上，有洋文的、中文的；在内容上，有关于文学的、关于科学的、关于哲学的等等分别。

（乙）书信因所述事件的关系人的多少，有公信和私信的分别。

（四）显明的实例。文字内将显明的实例举出，则愈加明了。

（甲）英文教科书是洋文的，国语教科书是中文的。

（乙）例如学校通知书和致全体同学书，是公信，问候某君的信是私信。

（五）对称和疑似。单从事物的本身直述，往往不易明了；所以若将对称的，即同属于一类而不是同种的，或疑似的，即好像同种而实不同的事物对照述说，更可使该事物明白显出。学术上的名词大概有对称的，通俗的事物多半有疑似的。

　　植物是生物中不属于动物的一部分。（对称）
　　习字纸也是用笔写的，但不以代谈话为目的，所以不是书信。（疑似）

　　（六）语义的限定。语义因使用而多分歧，作说明文时，如果遇到容易误解的时候——如古语新用之类——非特别加以限定不可。例如：

　　共和是国家主权在全体人民，行政首长也由人民选出的一种国体，不是周召共和的共和。

　　上述各项，是说明作文法上的要件，现在以"文学"为题应用各要件，示范如下：

　　文学是一种艺术（一），换句话说，就是以文字做成的艺术

（二）。纯粹的文学通常不以日用为目的（五），因体裁上有小说、诗歌、戏曲等分别（三）。《红楼梦》是小说，《长恨歌》是诗歌，《西厢记》是戏曲（四）。

文学不是普通的文字，也不是科学。韩愈的《原道》、王船山的《读通鉴论》等，不是文学。物理学讲义、化学教科书等，也不是文学（五）。

我国古来，凡是文字都称文学，但是现在的所谓文学完全是小说、诗歌、戏曲的总称，和从前的意义是不同的（六）。

第四节　条件的省略

说明文原是为未知某事物的人作的。在繁复的说明文，要正确、明晰，固应具备前节所述各条件，但遇某部分确已非常明了的时候，也可以省略。

（1）普通的省略。容易明了而不至误解的事物，或只以使人知道一个概要的，都可以只说大概。例如：

（甲）国家是人类社会组织之最大形体，包容一切社会生活。

——《新学制公民教科书》第一册第六章

（乙）国家是人类为满足需要兴趣而组织的团体，社会也是人类为满足需要兴趣而组织的团体，目的大概相同。但是社会只有人与人的关系，和人所在的土地无关，所以社会成立不限定要占据一定的疆土。人民如果没有一定的疆土，便不能成为国家。

——《政治学大纲》第四章第三节

（甲）和（乙）同是关于国家的说明，（乙）是详细、绵密的说法，（甲）是省略的说法。专门科学的文字都是（乙）类，通常的文字和口头的谈话以（甲）类为多。

（2）因比较而省略利用读者所已知的事物，两相比较以说明的时候，和已知事物相同的条件，就可省略，这是常用的省略法。例如：

星云和一团云差不多，微亮，挂在空中，极像一缕烟。

日本人民受军阀的苦痛，也和我国一样。

这是利用读者已知的"云"和"烟"来说明"星云",利用读者已知的"我国军阀的横暴"来说明日本的军阀的。这种方法很有效用,所要注意的就是比拟要恰当,不然,一样地容易引起误解。

练习

试依所讲法则,就下题作说明文。

(1)偶像。

(2)革命。

(3)山。

(4)学校。

第五章

议论文

第一节　议论文的意义

发挥自己的主张，批评别人的意见，以使人承认为目的的文字，称为议论文。

记事文是记述事物的状态、性质的，叙事文是叙述事物的变化的，议论文和它们截然不同，很是明显，最易混同的就是说明文。

说明文关于剖释事理的部分，和议论文很有容易混淆的地方。因为对于一事的内容，真是说得极详尽，那么它的价值怎样？我们对于它应持的态度怎样？都可不言而喻，用不到再加议论了。例如：把"社会主义"的意义、功用、优劣等都说到详尽无余，那么社会主义的可行不可行自然非常明了。又如：将"教育"的含义尽量发挥，那么教育应该怎样？人人应否受教育？也自然可以不必再说，就很明白。

照这样说来，议论文和说明文不是没有差别了吗？这又不然，第一是目的不同。说明文的目的是在使人有所知，议论文不但要使人有所知，还要有所信。

第二是性质不同。试就两者的题式看就可明了。说明文大概用单语为题。如"社会主义""教育"之类。议论文则用一个命题为题，如"社会主义可行于中国""教育为立国的根本"之类。一般议论文的题目，虽也有只用单语的，如"男女同学论""孔子论"等，但不过是形式的省略，若从文章的内容去考察，便知仍是一命题。因为文中不是主张"男女应当同学"，便是主张"男女不应当同学"，不是说"孔子之道已不适于中国"，就是说"孔子之道仍当遵从"。议论文的题目原是文章的根本主张的概括的缩写，所以表面虽是单语，内容依然是命题。

第三是态度不同。说明文比较地偏于客观的，所以虽有时因各人的见解不同，不能人人一致，也有敌论者，但作者并不预计的。议论文却恰好相反，实际上虽未必就有人反对，作者心目中概假定有敌论者立在前面。因为若一切都成了定论，和数学上的公式一样，本来就无议论的必要了。"男女同学"所以还有议论的必要，正因有人主张也有人反对的缘故。

议论文虽和说明文不同，但议论文中用说明文的地方很多。因为没有说明做基础，判断很不容易下，例如要主张"男女应当同学"，那么教育的意义和男女的关系等，都非先加以说明不可。试就下例玩味一下就更可明了了：

……但是到了现在，关于女子和文学的观念全然改变了。文学是人生的或一形式的实现，不是生活的附属工具，用以教训或消遣的；它以自己表现为本体，以感染他人为作用。它的效用以个人为本位，以人类为范围。女人则为人类一分子，有独立的人格，不是别的什么附属物。我们在身心状态的区别上，承认有男子女子与儿童的三个世界，但在人类之前都是平等。与男女的成人世界不同的儿童，世间公认其一样的有文学的需要，那么在女子方面这种需要自然更是切要，因为表现自己的与理解他人的情思，实在是人的社会生活的要素；在这一点上，文学正是唯一的修养了。

——《女子与文学》

第二节　命题

断定用言语或文字表示出来称为命题。议论文实际上就是对于所提出的命题所给的证明——有必要的时候，还加上相当的说明——所以命题是议论文的根本。命题是一个完全的句子（sentence），但一个完全的句子除了表明语句（indicative）外，疑问语句（interrogative），命令语句（imperative），愿望语句（optative），惊叹语句（exclamatory）都不是命题，因为所表示的都不是一个断定，用不到证明。

命题从性质上说，有肯定和否定两种。

（甲）竞争运动应该废止——肯定命题。

（乙）竞争运动不应该废止——否定命题。

在理论上只有这种形式的句子可以作为议论文的题目，但实际上常有不照这样直写的，（甲）（乙）二项，可有下列各种格式：

甲
- 竞争运动应该废止
- 竞争运动废止论
- 排竞争运动
- 论竞争运动

乙
- 竞争运动不应该
- 竞争运动奖励论
- 竞争运动应该保存
- 竞争运动的存废

论题本应是一个命题，就是一个完全的表明语句，但题目除表示论文的主旨外，有时还含有刺激读者的作用。所以如："女子不该参政吗？""文化运动不要忘了美育！""异哉所谓国体问题！"等形式的题目都有；但实际上不过是从"女子应当参政""文化运动应当注意美育""非国体问题"变化出来的。

作议论文的第一步，就是认定自己所要提出的命题。命题确定了，然后加以证明。所要注意的就是保持论点，不要变更，使议论出了本命题范围以外。例如"论莎士比亚的文学"，应当只从文学本身立论，不应该牵涉他幼时窃羊的事情。要排斥耶稣的教义，应当只从他的教义本身下攻击，不应该说他是私生子。因为文学和作者的幼时道德各不相关，教义的好坏和立教者的是私生子、非私生子毫无关系。如果要牵涉，就应当先证明两者的关系；必要使人承认幼时道德不好的，长大了也无好文学；私生子不能成伟大的宗教家，然后议论才立得住，不然总是谬论。这种毛病在批评别人的主张的时候较多，往往以攻击私人为压倒对手的武器。其实就是对手因为私德上受指斥不敢再答辩，也不是他的主张失败的证据。

第三节　证明

命题既经认定，就应当加以证明，证明可分两种。

（一）直接证明。即是对于一种主张，找出积极的理由来证明。例如：

　　孟子曰："不仁哉梁惠王也！仁者以其所爱，及其所不爱；不仁者以其所不爱，及其所爱。"公孙丑曰："何谓也？""梁惠王以土地之故，糜烂其民而战之；大败，将覆之，恐不能胜，故驱其所爱子弟以殉之。是之谓：以其所不爱，及其所爱。"

——《孟子·尽心》

　　这篇的主旨是说梁惠王不仁，而用"以其所不爱，及其所爱"的事实来证明。

　　（二）间接证明。就是所谓反证，对于一种主张，先证明对方面的谬误，使自己所说的牢固。例如：

　　……孟子曰："世俗所谓不孝者五：惰其四支，不顾父母之养，一不孝也；博弈，好饮酒，不顾父母之养，二不孝也；好货财，私妻子，不顾父母之养，三不孝也；从耳目之欲，以为父母戮，四不孝也；好勇斗狠，以危父母，五不孝也：章子有一于是乎？"

——《孟子·离娄》

这篇的主旨是说匡章是孝子，而用他没有不孝的事实来证明。

大概，发表自己的主张，不能不有直接的证明；反驳他人的议论，间接证明最有用。例如，有人主张"足球应当废止"，他所持的理由是"足球危险"，就可用间接证明法反驳如下：

足球危险，不错。但是，世间危险的事情很多，火车也危险，飞机也危险。如果因为危险就应当废止，那么，火车、飞机也应当废止了；这是很不合理的。

用这种反驳法应当要注意对手的论点变更。若主张"足球应当废止"的人，因为这个驳议而声明说："火车、飞机虽危险，但有用它们的必要，非足球可比的。"他的根据已全然变更了，最初的理由是"足球危险"，后来的理由是"足球危险而且非必要"，所以应当认为新论。

第四节 演绎法、归纳法和类推法

演绎法、归纳法和类推法，是论证的基本方法。要知道详细，须求之于论理学，这里所讲的只是一个大概。

（一）演绎法。用含义比较广阔的命题做基础，来论证含义较狭的命题，这是演绎法。例如：

学校的功课都应当注意学习，——大前提

音乐是学校的功课，——小前提

故音乐应当注意学习。——断案

这是演绎法最基本的形式，通常称为三段论式；是用含义较广的"学校的功课都应当注意学习"和"音乐是学校的功课"两个命题来证明"音乐应当注意学习"的命题。上列的顺序是论理上的通常的排列法，在文字或语言上，常有变更。试以上式为例：

（1）学校的功课都应当注意学习"的"（大），音乐"既"是学校的功课（小）；所以音乐"也"应当注意学习（断）。

（2）学校的功课都应当注意学习"的"（大），所以音乐"也"应当注意学习"呀"（断），"因为"音乐"也"是学校的功课（小）。

（3）音乐"既"是学校的功课（小），学校的功课都应当注意学习"的"（大），音乐"也就"应当注意学习"了"（断）。

（4）音乐"既"是学校的功课（小），音乐"就"应当注意学习（断），"因为"学校的功课都应当注意学习"的"（大）。

（5）音乐应当注意学习"呀"（断），"因为"学校的功课都应当注意学习（大），音乐"也"是学校的功课（小）。

（6）音乐应当注意学习"的"（断），音乐"既"是学校的功课（小），学校的功课都应当注意学习"啊"（大）。

引号内的字是为句子的顺畅附加的，因为无论在文字上或语言上，常常还一定用很质朴的表明语句。大前提、小前提和断案不但排列的顺序可以变更，常常还有省略。例如：

（1）学校的功课都应当注意学习（大），音乐"也"是学校的功课"呀"（小）！

（2）音乐"既"是学校的功课（小），音乐"岂不"应当注意学习"吗"（断）？

（3）学校的功课都应当注意学习"的"（大），音乐"就"应当注意学习"了"（断）。

（4）音乐"既"是学校的功课（小），"就"应当注意学习（断）。

（5）学校的功课都应当注意学习（大），音乐自然不是例外（断）。

只要意义能够明白，在文章上排列变更，要素省略都无妨。为了文章辞调的关系，将命题的形式改换也是必要。但若要检查议论的正否，却须依式排列。例如：

（1）桀纣之失天下也，失其民也。

——《孟子·离娄》

（2）天子不能以天下与人。

——《孟子·万章》

（3）他不用功，故要落第。

　　这些议论若要施以检查，须将省略的补足，成一完全的三段论式。如下：

（1）失其民者失天下，

　　桀纣失其民者也，

　　故桀纣失天下也。

（2）天子不能以天下与人，

　　尧为天子，

　　故尧不能以天下与人（舜）。

（3）不用功的学生都要落第，

　　他是不用功的学生，

　　故他要落第。

演泽法的议论，全以两前提做基础，所以如前提中有一不稳固，全论就不免谬误。如前例第三个论式：

不用功的学生都要落第，

他是不用功的学生，

故他要落第。

这论式中，大前提就不甚稳当，因为世间尽有天资聪明，不用功而可以不落第的学生。

世间原难有绝对的真理，所以就是论式各段都无误，也不是就没有辩驳的余地。不过各段的无误，是立论的必要条件，若没有这条件，议论的资格都没有了。

练习

试把下列各议论补足成三段论式，并检查是否谬误。

（1）试验使学生苦痛，故应废止。

（2）我国有广大的土地，岂有亡国之理。

演绎法的两个前提原是立论的根据，假若对于一前提不易承认，还须别的三段论法，把这前提来证明。例如要论证"人类必须有教育"的一个命题，假定是用下列的论式：

人类须有知识，——小前提

知识由教育而得，——大前提

故人类必须有教育。——断案

这论式中的小前提实在是很有疑问的，所以必须再加以证明。如下：

生存须有知识，——大前提

人类要生存，——小前提

故人类须有知识。——断案

倘使这论式中的前提还有疑问，那么非再加以证明不可；繁复的议论文大概就是由许多三段论法联合成的。

练习

试补成下列的论式：

凡人因非全知全能，皆有缺点，故孔子虽圣人，也有缺点。

（二）归纳法。归纳法和演绎法恰好相反，是集合部分而论证全体的论法。例如，用演绎法证明"某人是要死的"。其论式如下：

凡人都是要死的，——大前提

某人是人，——小前提

故某人是要死的。——断案

这例中的大前提"凡人都是要死的"的一个命题是否真实，如果要加以证明，也可用下列的演绎法的论式：

凡生物是要死的，——大前提

人都是生物，——小前提

故凡人都是要死的。——断案

对于这个论式的大前提"凡生物是要死的"的一个命题，若还有疑问，须加以证明，那就不是演绎法所能胜任的，非用归纳法不可了。论式如下：

牛是要死的，马是要死的，羊是要死的，草是要死的，树是要死的……袁世凯死了，西施死了，我的祖父母死了……
牛，马，羊，草，树，……袁世凯，西施，我的祖父母……都是生物。故生物是要死的。

这式的两前提都是以经验所得的部分集合起来，由此便得到"生物是要死的"的结论。

归纳法中有两个应当遵守的条件：

（1）部分事件的集合须普遍而且没有反例。

（2）有明确的因果关系。

这两个条件如果能满足一个，大概可以认为没有错误。用例来说：

（1）有角动物都是反刍动物。

在这例中，"有角"和"反刍"有没有原因结果的关系，这在现在的科学上还没有证明，所以不能满足第二个条件；但有角的动物如牛、如羊、如鹿等都是反刍的，并且没有反例，即有角而不是反刍的动物可以举出，这就满足第一个条件；而可认为正确的了。

（2）有烟的地方必定有火。

这例中的"烟"同"火"是有因果关系的，满足了第二个条件，所以就是不遍举事例，也可认为正确。

（3）文化高的国民都是白皙人种。

这例虽可举出英、美、德、法等国民来做例证，但有印度、中国等反例可举，不满足第一个条件。并且，明确的因果关系也没有，又不满足第二个条件。这样的归纳便是谬论。

最有力的归纳法，是第一、第二两个条件都能满足的；因为事例既普遍而无相反的例可举，原因结果的关系又极明了，自然不易动摇了。所应注意的，有无反例可举和人的经验有关系；就现在所经验的范围虽无反例，范围一旦扩大，也许就遇见了反例；所以归纳法所得的断案常是盖然的。但原因结果的关系既已明确，就有反例可举也不能斥为谬论；这只是原因还没完全举出，或反例另有原因的缘故。例如：

居都市的人比居乡村的人来得敏捷。

这就是生活状况的不同，一是刺激很多，一是清闲平淡，可以将原因结果的关系说明的；虽有一二反例，必定别有原因存在，对于原论并不能动摇。

练习

就下列各命题，广举事例且说明其因果关系。

（1）文化从海岸起始。

（2）卜不筮足信。

（3）健康为成功之母。

类推法根据已知的事例而推断相类的事例的方法，这是类推法。例如：

地球是太阳系的行星，有空气，有水分，有气候的变化，有生物。——已知的事例。

火星是太阳系的行星，有空气，有水分，有气候的变化。——相类的事例。

故火星有生物。——断案。

类推法应用时须遵守下列的两条件：

（甲）所举的类似点，须是事物的固有性，而不是偶有性。

（乙）被推的事物须不含有与断案矛盾的性质。

例如：

（1）孔子与阳虎同是鲁人，同在鲁做官；若依了这些类似点，因孔子是圣人就推断阳虎也是圣人，这便犯了第一个条件；因为这些类似点都是偶有性。

（2）甲乙二鸟，声音，大小，形色都相同。但乙鸟的翅曾受伤折断；若依类似点因甲善飞就推断乙也善飞，这便犯了第二个条件，因为翅的折断和善飞，性质是矛盾的。

练习

人披毡了则温暖，将毡子包冰，则冰反不易化。试就类推法说明。

第五节　证据的性质分类

判断一件事，总是以经验做根据，而依前两节所举的方法找出证据来。由性质上，证据有种种的不同，分述如下。

（一）因果论。因果论又名盖然论，是根据了"同样的原因必生同样的结果"的假定，以原因证明结果。例如：

（1）某人平日品行方正（原因），这次的窃案大概和他没有关系（结果）。

（2）他作文成绩素来很好（原因），这次成绩不良，大概是时间局促的关系（结果出预想之外，因为别有原因的缘故）。

这都是因果论，普通所谓议论，大概是这类最多。因果论所以又名盖然论，就是因为这种议论并不是确切可靠的缘故。对于同一事件，往往可做正相反对的因果论，即如前例的：

（1）某人平日品行方正（原因），这次的窃案大概和他没有关系（结果）。

对于这一个因果论也可做正相反对的第二个因果论：

（2）某人近来很穷（原因），或不得已而窃盗（结果）。

这两个因果论，可以同时发生，在这时候，要决定究竟哪一个成立，实是一件很难的事。就是能够证明某人真是渴不饮盗泉的丈夫，但仍不能将（1）确立而推翻（2），因为还有第三个、第四个乃至无穷个因果论可以发生。即如：

（3）某人的母亲病得很危险，他正因于医药费（原因），或竟至于窃盗（结果）。

这个因果论更为有力，某人品行既好，当然有孝行，对于母亲的病自是要想尽方法去医治；那么，急不暇择，也是人情。

从这例看来，可知因果论是个确度很小的论法。所以用这个论法的时候，通常须用"大概""或"等推量的语气，万不可取断定的态度。

但因果论虽不是充足的可靠的议论，却是必要的、很有价值的。所以无论何种议论，至少非有一个因果论的证据不可。否则，即使别的证据很多，也不可靠。例如甲有杀乙的嫌疑时，假定有下列各种证据：

（1）乙被杀时，甲确不在家。

（2）甲家有带血迹的刀。

（3）甲的衣上有血。

这类的证据无论有多少，假定甲所以要杀乙的原因一点不明白的时候，依然毫不足凭，而不能据以断定甲是杀乙的。如果能求得下列的事实的一种或一种以上，那就可以认甲为杀乙的嫌疑者。所以仅一因果论的证据虽不足恃，若与别的证据联合起来，就成有价值的论法了。假定所得的事实如下：

（1）甲曾因金钱关系与乙有仇。
（2）甲和乙前几天曾打架而被打伤。

（二）例证论。将和结论相同的事例引来做议论的证据，叫做例证论。例如：

（1）某人身体原很弱，因从事运动，今已健康（事例）；所以运动是有益于健康（结论）。
（2）甲学生很用功及了格，乙学生不用功落了第（事例）；所以要及格非用功不可（结论）。

（3）投石于水，就沉下去，投木片于水，则浮在上面（事例）；可知轻的东西是浮的，重的东西是沉的（结论）。

这都是例证论。例证论以部分来推全体，或以甲部分来推乙部分。前一种是归纳法的，归纳的法则应该严格遵守；后一种是类推法的，类推的规则切不可犯。除此以外还有几个条件应当特别注意：

人事和物理的不同。前例中（1）和（2）是人事，（3）是物理。物理以物为对象，物质界是有普遍的法则可寻的，所以大概可以说有一定。甲石沉了，乙石也沉了，可以说凡石都要沉的；甲木浮起，乙木也浮起，可以说凡木都要浮起的。但人事界的现象却没有这样的简单。甲从事运动身体康健了，乙从事运动或反而生病，因为体质、情形都不一定相同，结果不一定同也是应该的。丙不用功幸而不落第，就以为不用功可以不落第；某人买彩票发财，就去买；某人的阿哥的学问好，就以为他的学问也好。这些谬误，都是一类。

"假定"不能做例证例。证须是事实，"假定"做不来例证。世间往往有以"假定"做例证而应用例证论的。例如：

（1）精神一到，何事不成（假定）；凡毕业颠沛流离的，都是精神不振作的缘故（结论）。

（2）他如果就了商业，已经可以做商店的经理了，何至穷得这样（假定）；所以读书不如经商（结论）。

（1）例中，事的成不成非做了以后不能晓得的；（2）例中，经商能不能就做商店经理，而不穷困，也要经了商才可知道的。只悬揣了一个假定，再从这假定立了脚来推论，即使常识上通得过去，总不可靠。

（三）譬喻论。譬喻论和例证论相似，不过例证论是引用和结论相同的事例做证据，譬喻论是引用和结论相似的事例做证据。例如：

（1）加热于蒸汽机关，则机关运转，故热可转成运动。（例证论）

（2）像蒸汽机关的运转需煤一样，生物在生活上也需食物。（譬喻论）

譬喻论中所最要紧的，就是两方面的类似的关系。譬喻要得当，就是两方面中各自所存有的关系要有适当的关联。试就上例分解如下：

（1）蒸汽机关的转动要发热的东西（煤），故运动要有发热的东西。（归纳的例证论）

（2）运动要有发热的东西，故生物的运动（生活）也要有发热的东西（食物）。（演绎的因果论）

适当的譬喻，照上面的样子分解起来，例证论和因果论间一定有相当的可以存在的关系。假如其中有一式错误，譬喻论的全体也就要错误。今示误谬的例于下：

浙江人比湖南人好，好像浙江绸比湖南绸好一样。

这种譬喻论的谬误是谁都晓得的。所以谬误的原因在哪里呢？试分解一下就晓得了：

（1）浙江绸比湖南绸好，所以浙江的一切比湖南的一切好。（归纳的例证论）

（2）浙江的一切比湖南的一切好，所以浙江人比湖南人好。（演绎的因果论）

这二式中，（1）的例证论明明不合归纳的法则，事例既不普遍，因果关系也不明确，要举反例，不论多少都可以举出，如湖南的夏布就比浙江的好之类。（2）的演绎式的大前提既谬误，断案当然也靠不住了。就是分解起来，（1）的归纳式不错，而（2）的演绎式错了，也一样地靠不住。

检查譬喻论的方法，除将它分解以外，还有一种，就是审察两面的关系类似不类似。就前例说："浙江绸"和"湖南绸"的关系，与"浙江人"和"湖南人"的关系全不类似。不类似的关系当然不能譬喻的。至于"蒸汽机关"和"煤"的关系，同"生物"和"食物"的关系，就是类似的了。

譬喻论，我国古来用的很多，现在也着实有不少的人用它，讥诈百出，最易使人受欺，大宜注意辨别。

练习

试指出下列各譬喻论正否。

（1）国之有海军与陆军，犹鸟之有两翼，缺一不可。

（2）政府之不必使人民与闻政治，犹父母之不必问家事于子女。

（3）一矢易折，集数矢则难折；人也是这样，孤立易败，协力则无敌。

（四）符号论。符号论和因果论恰相反，因果论是从原因推证结果，符号论是从结果推证原因。例如：

（1）某人没有一定的职业，应当很穷。（因果论）

（2）某人到了严冬还穿夹衣，可见他很穷。（符号论）

符号论是以实际的形迹（符号）来证明所论的真确的。见学生上课时在讲堂中睡眠，说教师不能引起学生的兴味；见水的结冰，说大气的温度在冰点以下；见日本打胜了俄国，说日本比俄国文明程度高。这都是符号论。通俗所谓"理由"的，大概是因果论；所谓"证据"的，大概是符号论。

因为同一事实，可以由种种的原因发生，所以符号论虽是由结果而推论原因的议论，也不完全可靠。例如：

（1）学生上课时在讲堂中睡眠，足见教师不能引起学生的兴味。

这议论也可有别种的说法：

（2）学生上课时在讲堂中睡眠，足见学生不十分注意学业。

（3）学生上课时在讲堂中睡眠，足见学校的功课太繁重，学生担负不下。

符号论一不小心就容易生出谬误。因为是博士，就崇拜他，说他有学问；因为是孔子说的，相信它一定不错；因为西洋人也这样那样，所以非这样那样不可；看看报上某商店的广告，就信某店的货物精良。都是这一类的谬论。符号论中最可靠的，是那结果只有一种原因可以生出来的时候。例如：

（1）河水结冰了，可知天气已冷到摄氏表零度以下。

这是可靠的议论，因为除了天气已冷到摄氏表零度以下，没有别的原因可以使河水结冰的。但是像：

（2）碗中的水结冰了，可知天气已冷到摄氏表零度以下。

这就不大可靠。因为使碗中的水结冰的原因还有别的，人工的方法就是一个。

就大概说：自然界的现象，符号论大体可靠，一涉到人事，关系非常复杂，用符号论须注意。

第六节　各种议论的联络

前节所述的四种议论，各有缺点；所以单独使用很不可靠。但是若能将二种以上的议论联结起来，就成有力的议论了。例如甲有杀乙的嫌疑时，如果在同一事情，得到下列种种事实，那么甲是嫌疑犯，差不多可以断定了。

（1）甲的性情粗暴。（因果）

（2）甲与乙曾因金钱关系有宿怨。（因果）

（3）某次甲曾用刀和人格斗。（例证）

（4）乙被害时，甲不在家，其时为夜半。（符号）

（5）甲家中有带血的衣服和刀。（符号）

以上是三种议论的联结，若能四种联结，更为可靠。所应注意的，就是因果论和符号论并不全然可靠，至于例证论和譬喻论更只能做补充用，力量很微弱，即以上例来说，虽已有五个证据，但最多只能说甲有嫌疑，至于甲是否杀乙，依然不能断定。所以，关于这一类事实要下判决，非有确实的人证（如当场见到）或物证（如刀与伤口）不可。因此，裁判官只能用各种方法引诱甲自行承认，而不能依自己所得的盖然的证据推断。因为上面的事实，甲和别人血斗或杀的不是乙，甚或别人嫁祸，（4）和（5）都可以存在的，至于（1）、（2）、（3）都是已过的事，用做证据本来力量很不大。

第七节　议论文的顺序

文章原无一定的成法，议论文的顺序当然也不能说有一定。以下所说的事项，不过是普通的说法。

（一）命题的位置。议论文原是对于命题的证明，命题当然是议论文的根本。所以命题在一篇文章中应该摆在什么地方；还是先列命题，后来说明呢；还是先加说明，后出命题呢？这实在是一个问题。

在最普通的文章，应该先提出命题，使读者开首就了解全篇主旨所在。若是把文章读了半篇，还不能晓得究竟讲点什么，这类不明晰的文章，普通不能算好的。

先列命题，能使文章明晰，却是有时也不应当先将命题列出：

第一，命题容易引起反对的时候。例如对学校学生主张有神论，或对宗教家主张无神论的时候，倘使先把命题揭出，必致开端就惹起观听者的反对，以后虽有很好的证明，也不足动人了。这种时候，应当先从比较广泛点的地方起首。对学生讲有神论，可先从科学说起，说到科学不可恃，再提出有神论来。对宗教家主张无神论，可先说古来有神论和无神论的派别，各揭出其优劣，使听者觉得无神论也有若干的根据，然后再提出自己主张无神论的意见。

第二，命题太平凡的时候。例如在慈善会场中演说"人要有慈善心"的时候，若开端先将命题提出，听的人就厌倦了。这种时候，可从"生存竞争的流弊"等说起，使听者感觉慈善的必要，然后再提出本命题来。

（二）证明的顺序通常因果论应当列在前面，符号论列在最后。因果论若列在最后，就使已经证明的事情和当面的问题无涉。若四种论证都全备的时候，就是（1）因果论、（2）譬喻论、（3）例证论、（4）符号论；这是最普通的。

先列因果论，使读者预想有像结论的事实。次列譬喻论和例证论，使读者预想着在别时别地所有的事实，或者在此也要起来。到了最后的符号论，使读者觉得所预期要起来的事实果真起来，就能深切地信从了。再用前面所举的甲杀乙的事例来说：

（1）甲与乙因金钱关系有宿怨。（使读者预想甲或因此杀乙。）

（2）甲虽是个平和的人，但是愤怒和改变素性；好像水虽平静，遇风也要起浪。（使读者信平和的甲，也可杀乙。）

（3）从前某人某人都是平和的人，都因愤怒及金钱关系，有过杀人的行为。（使读者因从前的实例，坚信甲有杀乙的可能。）

（4）甲家有带血的衣服，且乙被害时，甲确不在家。（因证据使读者坚信甲是杀乙的。）

第八节　作驳论的注意

议论文以推理为根据，除了自然界的现象以外，人类社会的事情非常复杂，而人的推理又非绝对可恃，所以无论何种名文，总不免有驳击的余地。并且议论原是假定有敌论者存在，否则已用不到议论。从这一点说，议论文可以说是广义的驳论了。今姑且就一般的所谓驳论，略述一二。

（一）寻求敌论的立脚点。要反驳敌论，自然以从要害驳击为最有效，所以寻求敌论的立脚点是第一步功夫。对于敌论应当找出它的主旨，就是根本的命题。其次要寻出它证明的根据和法式——演绎或归纳或类比。

（二）反驳的方法。对于敌论所用的证论的法式既已明了，只须检查它违犯哪一种条件。但只是将证论推翻，不一定就能打倒敌论的根本命题，所以最重要的还是对于这命题的驳击。

命题由性质上分，有肯定和否定两种，如本章第二节所说；若由分量上分，又有全称和特称两种。例如：

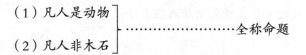

（1）凡人是动物
（2）凡人非木石 ⎫…………………全称命题

（3）有动物为人
（4）有动物为马 ⎫…………………特称命题

上例在质上（1）、（3）是肯定，（2）、（4）是否定；所以从质和量上分，命题有四种：（1）全称肯定，（2）全称否定，（3）特称肯定，（4）特称否定。

将质或量不同，而所含的概念相同的命题对证，称为对当。对当有各种形式，须于论理学中求之。现在只讲其中的一种矛盾对当，即全称肯定和特称否定，以及全称否定和特称肯定。矛盾对当的性质是此真则彼伪，此伪则彼真，因此对于敌论命题的攻击，这种方法最方便而有效。

议论的命题应当是全称，若为特称立论本已非常无力。所以驳击敌论的全称命题，只须从它的矛盾对当的特称命题下手，因为证明特称命题实较证明全称命题容易。例如：

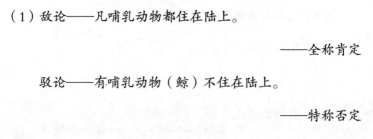

（1）敌论——凡哺乳动物都住在陆上。

——全称肯定

驳论——有哺乳动物（鲸）不住在陆上。

——特称否定

（2）敌论——白话不能达古书之义。

——全称否定

驳论——有教师讲解时白话能达古书之义。

——特称肯定

上例若驳论成立，敌论当然被推翻，而驳论都是特称，只要有一二例证就可成立，所以最方便而有效。

（注意）证明全称肯定或否定以推翻特称否定或肯定也是矛盾对当，但于作驳论少有用处，所以不详细讲了。

（三）应注意的条件。作驳论应注意的重要条件有下列的三个。

第一，勿助长敌论的声势。敌论者如果是有声望的人，议论往往在一般人的心里有强固的印象。这时候务必设法使敌论的印象减轻，以便自己的议论容易透入人心，切不可助长敌手的声势。例如对某博士的文字作驳论的时候，如果说：

某君是个博士，是个大学教授，学问很渊博，他的议论，当然不是我们做中学生的所够得上批评的。不过……

这就是不利于自己的议论。但是也不可因此而发些轻薄的议论去糟蹋对方，这是作者的人格问题。

第二，勿曲解敌论。驳论是将自己对于敌论的反抗，公诉于一般的读者的文字。对于敌论必须不以恶意去曲解它。否则无论怎样，不能中它的要害，并且不能得读者的同情。

第三，驳论的位置。最有力的驳论最好放在中部，后半篇可用强有力的方法发挥自己的主张，使读者忘了所读的是驳论，而信从自己的主张。

以上所说的各项，并不是想取不正当的胜利，只是用来防不应当有的失败，千万不要误用。文章真要动人，非有好人格、好学问做根据不可，仅从方法上着想总是末技。因为所可讲得出的不过是文章的规矩，而不是文章的技巧。

练习

（1）试将读过的一篇议论文，分解它的论证法。

（2）试就读过的一篇议论文作驳议。

第六章

小品文

第一节　小品文的意义

从外形的长短上说，二三百字乃至千字以内的短文称为小品文。前几章所讲的记事、叙事、说明和议论等，是从文的内容性质上分的，长文和小品文只是由外形而定。因此小品文的内容性质全然自由，可以叙事，可以议论，可以抒情，可以写景，毫不受何等的限制。

小品文，我国古来早已有了，如东坡小品就很有名；普遍的所谓"随笔"，也可看作小品文的一种。近来在各国，小品文更盛行，并且体裁和我国的向来的所谓小品文大不相同。现在的所谓小品文实即Sketch的译语。大概都是以片段的文字，表现感想或实生活的一部分的。例如：

雪夜

从早晨就暗淡的天，一到夜就下了雪了。由窗隙钻入的寒气，冷到彻骨，好像是什么妖魔用了冰冷的手，来捉摸人的头颈似的。才将夜饭碗盏收拾好的母亲，在灯下又开始做针线，父亲呢，一心地看着新闻。饭毕就睡了的小妹，好像是日间跑得太厉害了，时时在被窝里发出惊叫来。

雪依然没有止，后园里好几次地有竹折断的声音。夜不觉深了，寒气渐渐加重，连远处传来的犬吠声，听去也觉得分外地带着寒森凄清了。　　　　　　　　　　　　　　　（写景）

红蜻蜓

就枯草原上卧了，把书翻开，忽然飞来了一个红蜻蜓，停在书页上面。头影一动，就好像触怒了它的样子，即刻飞去了。飞也不远，仍旧回到原处。我寂然不动地看它：尾巴缓缓地子子地动着，薄薄的两只翼翅，尽量伸张，好像单叶式飞行机的样子。不时又闪转着那大而发光的眼睛。

在晚秋的当午的强烈的日光中，红色的蜻蜓，看去却反觉有点寂寞。　　　　　　　　　　　　　　　　（状物）

田畔

倦了在田畔坐息，前面走过了穿着中学校制服的学生们，仔细一看，是K君与N君。他们不知道我在这里，一壁走着，一壁高声地谈着。

唉！唉！在小学校的时候，我比K君N君成绩好得多，先生也说我是有望的少年，只为了贫穷的缘故，就这样朝晚与田夫为伍。我难道竟以田夫过这一生吗？

那未免太悲哀了！但是有什么法子可想呢？我心如沸了！虽自己不愿哭，眼泪已流下颊上了！　　　　　　　　　（抒情）

鸡

鸡告诉我们天地的觉醒，但所告诉的并不一定是光明。

鸡的第一次开声，是夜的最黑暗的时候。

鸡在深暗中叫，鸡是在深暗中叫的！　　　（议论感想）

读者读了上面的例，当可明白小品文是怎样的东西了。小品文虽然也有独立制作的，其实多散见于长文中。有名的文学作品中含有小品文极多，几百页的长篇小说，也可看成小品文的连续。在近代作品中，果能节取，随处可得到很好的小品文范例。

例如：

　　风雨的强度渐渐地退减，不久，就只剩了雾样的非常美丽的细雨。云的弧线一点点地透升上去，长而且斜的日光，即落在地上了。从云的裂缝里，露出一条碧色的天空，这裂缝次第展开，像个揭去面纱的样子；既而澄净深碧的天空就罩住世界。新鲜的微风拂拂地吹着，好像地球的幸福的叹息，掠着湿雨的小鸟的快乐的歌声，可从田野森林间听得。

——莫泊桑的《一生》

　　从黎明起，平常所没有的凝然而沉的浓雾，把一切街道闭住了。这虽若干地轻微透明，不至于全不看见东西，可是在雾中行走的人们，都已浸染着了那不安的暗黄色；女人脸上鲜活的红色以及动人目的衣服花样，都好像隔了一层黑的薄纱，在雾中有时茫然地暗，有时豁然地鲜明。南首天空，在蚊帐样的黑云里，藏着日脚很低的十一月的太阳，比地上远来得明亮；北首则到处沉暗，好像低挂着大大的幕，下面昏黄而黑，物象分辨不清，几同夜间一般。于这沉滞的背景中，模糊地浮出着薄暗的淡灰色的屋宇，在秋天已早荒废了的某花园的门口竖着的两圆柱，看去宛像死人前面列着的一对的黄蜡烛……

——安得列夫的《雾》

祖母死后数年，父母也都跟着做了这墓中的人，到现在已星霜几易了。墓碑满了藓苔，几乎看不出文字，虽默然地立着不告诉我什么，但到此相对，不觉就如目见墓中人一样。他们生前的情形，都一一不可遏地奔到我心上来：祖母驼圆了背在檐下曝日的光景，父亲的将眼鼻并在一处打大喷嚏的神情，母亲着了围裙浆洗衣服的样子，都显然地在我眼前浮出。

飒然地风来了，树叶瑟瑟地作声。明知道只是树叶的声音，然在我无余念的人的耳中，好像是有一种曾听见过的干敝的沙音，快活的高声，和低而纤弱的喉音，纷然合在一起，在那里忙说着什么似的。忽然间声音一停，以后就寂然了。

我的心也寂然了。从这寂然的心坎中忽然涌起了怀慕的心情，不觉眼中就含了泪了。唉！如果可以，我愿就这样到墓中去，不再返尘世了！

——二叶亭四迷的《平凡》

以上不过就近代外国文学作品中略举数例，这样好的小品文，在我国好的文学作品中当然也很不少。如《儒林外史》中的王冕放牛，和《水浒传》中的景阳冈一段，都可作小品文读的。读者只要能留心，就可随处得着小品文的范例了。

第二节　小品文在文章练习上的价值

小品文自身原有独立的价值，且不详论。练习小品文，对于作长文也很有帮助，就是可以增长关于作文所需要的各种能力，所以对于文章练习上，利益很多。兹述一二于下：

（一）可为作长文的准备。画家学画，须先从小部分起，非能完全描一木一石的，决不能画全幅的风景，非能完全写一手一足，决不能画整个的人物。文章也是这样，不能作全部分的文字的，即使作了长篇的文字，也决不会有可观的价值。所以与其乱作无谓的长文，不如多作正确的小品文。换句话说，就是学文须从小品文入手。

（二）能多作文有三多：多读，多作，多商量，这是学文者无可反对的条件。但长篇文字要多作，实不容易，小品文内容既自由，材料又随处可得，并且因字数很少，推敲，布局都比较容易，很便于多作，能多作，作文的能力就自然进步了。

（三）能养成观察力。小品文形既短小，当然不能容纳大的材料。因此，要作小品文，无论写情、写景，非注意到眼前事物的小部分，将它的特色生命来捕捉不可。这么一来，结果就可使观察力细密而且锐敏。细密而且锐敏的观察力，实在是文人最重要条件之一。

（四）能使文字简洁。要作小品文，因它的字数有限，断用不着悠缓的笔法，非有扼要的手腕不可。所以学习小品文，可以使文字简洁。初学作文，最普通的毛病是冗漫、宽泛，因为初学者对于材料还没有选择取舍的能力，不容易得着要领的缘故。若作小品文，这毛病立即现出，渐渐自然会简洁起来，而对于材料也能精于选择、取舍。这种工作，原是作文的第一步，也就是作文方法的一切。如果真能通达，已可算得有作文的能力了。

（五）能养成作文的兴味。初学作文的人，往往因为作得不好，打断兴味，而自觉失望，这是常见的事。长篇文字所需的材料既多，安排也不容易，初学的人当然没有作得好的可能，屡作都不好，兴味就因而萎缩了。小品文以日常生活为材料，并且是片断地收取，因而容易捕捉，材料既不复杂，安排也容易。即使作了不好，改作也不费事。为了这样，学作小品文既容易像文字，而很好的成绩偶然也可得着；作者的兴味当然可以逐渐浓厚。

学作小品文的好处如要细述，还不止此，但这已很足证明有学它的必要了。读者要学作文章吗？先努力作小品文吧！

第三节　小品文练习的机会

小品文本随时可作，随地可作，不必再待特别机会。这里姑举一二便于作小品文的机会于下：

（一）日记。日记因人的境遇、职业不同，种类当然很多，但大体可别为二种，一是只记述行事的，一是记述内面生活的。

在普通人的日记中，两种时时相合，前者重事实方面，后者重心情方面。例如：

　　晨五时起，到后园散步，早膳后赴学校。授课三小时。傍晚返寓。S君来谈某事，夜接N自沪来信。灯下作覆书。阅新到杂志。十时就寝。

　　数日来的苦闷，依然无法自解。来客不少，可是都没有兴高采烈地接待他们。客散以后，一味只是懊恼，恨不得将案上的东西，掷个粉碎。天一夜，就蒙被睡了。

　　上面二例，前者是以行事为本位的，后者是以心情为本位的。两者虽任人自由，没有限制，但为练习文章计，应当注意这两方面的调和；一味抒述内心生活，虽嫌虚空，然账簿式的事实的排列，也实在没有趣味。因此，最好的日记是于记述事实之中，可以表现心情的作法。请看下例：

　　昨晚执笔到一点钟；起来觉得有点倦懒。天仍寒雨，窗外桃花却开了。H来谈，知N已病故，不胜无常之感。忽然间N的往事，就成了全家谈话的材料了。下午到校授课，夜仍译《爱的教育》，只成千百字。

上例虽不甚佳，然可视为两方调和的一例。我国古来，日记中很有可节取的文字；案头现有《复堂日记》，摘录一节如下：

积雨旬日，夜见新月徘徊庭阶，方喜晴而础润如汗，雨意未已。二更猛雨，少选势衰，枕上阅洪北江《伊犁日记》、《天山客话》终卷。睡方酣，闻空楼雨声密洒，霆雷如百万军声，急起，已床屋漏矣。两炊许时，雷雨始息，重展衾枕，已黎明，是洪先生出关，车行三四十里时也。

这是清人谭复堂日记的一节，可以做小品文读的。笔法虽与现代的不合，但对于实生活的忠实的玩味力和表现力，是可以为法的。

一个人每日的生活必有几事可记的。一日的日记，如果分析起来，实有几个独立的小品文可成。通常日记不必使每一事实都成小品文，只要使一日的日记全体为一小品文，或于其中含一小品文就够了。上例就是于一日的日记中含一小品文的。

日记的价值可说的很多，练习文章也是价值之一。因为日记是实生活的记录，日记的文字可以打破一切文字上的陈套；要作好日记，非体会吟味实生活不可。所以从日记去学小品文是很适当的。

（二）书札。书札与普通文字径路不同，尽有能作普通文字而不能作书札的。书札有实用与非实用的二种。实用的书札普通都是随笔写成，不加功夫；至于非实用的，则非有练习功夫的人是不能作的。日常的书札中往往含有这实用的与非实用的两方面。例如：作书托友人介绍医生，而附述自己病床的景况，前者是实用的，后者是非实用的。又如：作书约友人来游，而叙述所在地的景物，前者是实用的，后者是非实用的。

讲到趣味，作书札比作日记更多，因为日记是独语，而书札却是对话了。知友把他的生活情况来报知我们的书札，我们都非常乐读；我们能于书札中表现我们的生活，使朋友晓得，他们将怎样地欢喜呢！

我国古来书札中，佳例很多。兹随录一二为例：

　　某启，两日疾有增无减，虽迁闸外，风气稍清，但虚乏尔。儿子何处得《宝月观赋》，琅然诵之。老夫卧听未半，跃然而起；恨二十年相从，知元章不尽。若此赋当过古人，不论今世也。天下岂常如我辈愤愤耶？公不久当自有大名，不劳我辈说也。愿欲与公谈，则实未能，想当后数日耶？

——苏东坡《与米元章》

　　某到黄陂，闻公初五日便发，由信阳路赴关，然数日如有所失也。欲便归黄州，又雨雪间作。向僧房申明窗下拥数块热炭，读《前汉书·戾太子传赞》，深爱之。反复数遍，知班孟坚非庸人也。方感叹而公书适至，意思豁然。稍晴暖，当扬帆江上，放舟还黄也。

——苏东坡《与李公择》

　　庭前小梅数株，绿衣素妆，娟好如汉宫人。幽斋无事，静对忘言。或时移书吟咏其下，攀条摇曳，暗香入怀。每当惠风东来，飘拂襟袖，把其清芬，宛然如见故人。今虽飞琼碎玉，点点青苔；然片光孤影，独仿佛缭绕左右。倘能乘兴而来，巡檐一索，便可共吟楚些，共招落梅魂也。

——汤傅楹《与尤展成》

上所举的例，虽与现代文体不同，然都能表示实生活，不只简单的排列要事，很能使受书的爱读，而且读了增加不少的兴趣。由此可知：要作好书札，非加入实生活的背景不可；若不将实生活做背景，文字就不能动人。试比较下二例：

（甲）昨日在某处遇见H君，知S君即将于下星期内赴英伦。我和H定于明晚在某处设宴饯行，特写信约你，请届期与会。

（乙）昨日在某处遇见H君，知S君即将于下星期内赴英伦。S君的要赴英留学，原是早有所闻的，却不料别离有这样快！寥寥的朋辈中暂时将又少一人了。已和H约定，明晚在某处设宴饯行，特写信给你，请届期与会；于离别以前，大家再一亲S君的快活的面影，话一番小学时代的旧事吧。

这是编者漫然作成的例。（甲）和（乙）相较，（甲）是只列事实，（乙）是兼述生活、心情，（乙）较（甲）有情趣，读了自可了解了吧。

书札中能兼述生活情趣，就能不呆滞而饶兴味。这不但在本文中如此，随处都是这样。举一例说，即如署名下的月日就可有各种记法。"某月某日""某月某日灯下""某月某日游山归来""某月某夜蟋蟀声中"，这些记法，后面的比前面的，趣味就有多少的分别。

这里所应注意的，就是要真实无饰。若专袭套语，徒事修饰，是毫无用处的。只要能表现实生活，就可以使读者引起情趣；若徒把古人或今人的美辞丽句来套袭，就要成呆板讨厌的文字了。旧式书简中很多这种毛病，不可不知。

第四节　小品文作法上的注意——着眼细处

小品文是记述实生活的一部分的东西，以描写部分为目的；要写全体的事象，当然不是小品文所能胜任的。所以作小品文必须注目于事物的细处，就极微细极琐碎的部分发见材料。习作小品文所以能使人的观察精细锐敏，原因就在这一点。试看下例：

　　（甲）鳞云一团，由西上升；飞过月下，即映成五色，到紫色缘边，彩乃消灭。团围的月悬在天心，皎皎的银光笼罩着平和的孤村。四边已静寂了，地底下潜藏的夜气，像个呼吸似的从脚下冲发上来。

——《月夜》

　　（乙）一到半夜，照例就醒，醒了不觉就悄然。窗外有虫叫着，低低地颤动地叫着，仔细一听；就是每夜叫的那个虫。

　　我不知于什么时候哭了，低低地颤动地哭了。忽而知道，这哭的不是我，仍是那个虫。

——《虫声》

　　上二例都是描写秋夜的；一以月为题，一以虫声为题；一以景色为主，一以作者的心情为主。趣向不同，好坏虽难比较，然秋夜的情调，二者中，何者比较地能表示出来呢？不用说，后者胜于前者了。这个原因，由于（甲）欲以短小的文字写繁复而大的景物，（乙）却只写虫声（一个虫声）的缘故。

　　欲在一小文中遍写一切，结果必致失败。初学者作《春日游某山记》，往往将上午某时出门，途遇某友，由何处上山，在何处休息，何处午餐，游某寺某洞，某时下山，怎样回家等，一一列举于短小的文字中，结果便成了一篇板笨的行事账簿，当然没有什么趣味可得的。

不但描写景物是这样，即在抒情文、感想文、议论文中，也是如此。小品文的材料，与其取有系统的整个的，不如取偶发的、断片的。例如：

去年今日此门中，人面桃花相映红。人面不知何去处，桃花依旧笑春风。

这是崔护的诗，所以读了能使人感动，全在他能触物兴感，把偶发的断片的材料来活写的缘故。如果平铺叙述，把一切事件都说到，就成了"崔护某处人，一日在某处遇一女郎……"样的一篇东西，使人读了，最多也不过得着"哦，有这么一回事"的感觉罢了。

就事件的全体来做小品文的材料，结果只能得到点轮廓，不能得其内容。用譬喻来说，轮廓的文字好像地图，是不能作为艺术品的。我们要作绘画样的文字，不需要地图式的文字。因为从绘画上才有情趣可得，从地图上是不能得到的。

从许多断片的部分的材料中，选出最可寄托情感的一点拿来描写，这是作小品文的秘诀。好像打仗，要用少数的兵去抵御大敌的时候，应该集中兵力，直冲要害，若用包围式的攻战法，就要失败的。

第五节　小品文作法上的注意——印象的

精细的部分的描写，胜于粗略的全体的叙述和说明；这是从前节已可知道的。那么，什么叫作描写呢？

描写是照了事象把它来从笔端现出的意思，和绘画所用的意义相同。说明固然不是描写，叙述也不是描写。旧式文章中说明和叙述的分子很多，近来的文章，除了批评文感想文等以外，差不多都以描写的态度出之了。

我国古来纯文学作品中很有描写佳例，随录一二，读者当能了解描写的态度。

山色倒侵溪影，一路随孤艇。

——杨仪《桃源忆故人》

寒风吹水，微波皱作鱼鳞起。

——赵宽《减字木兰令》

仰视浮云驰，奄忽互相逾。

——李陵《与苏武》

斜日坠，荒山云黑天垂暮，时见空中一雁来，冷入残芦去。

——蒋冕《卜算子》

于上列各例，读者对于他们观察事物的精敏，大约佩服了吧！简单点说：描写就是观察的表出，不会观察事物的人是断不能描写的。前节所说的宁作小部分的描写，不可作全体的叙述和说明，换句话说，就是要描写的，不可是叙述的说明的。因为短小的文字中，若要装载整个的有系统的材料，必致流于说明叙述，结果便只存了轮廓而使内容完全空虚了。

但从另一方面看，所谓描写的就是"印象的"的意思。我们与事物相对时，心情中必有一种反应或感觉，这普通称为印象。描写是照了所观察的事象如实写出，就是要把印象写出。所以如

134

果是描写的文字，必会成印象的文字。上面所举的描写诸例，都是印象的，都能将自己对于事物所得的印象传给读者。

将自己所得的印象，不加解释说明，直现出来，使读者也得着同样的印象，这叫作印象的。试看下例：

（甲）才开窗，湿而且重的温风即吹来，花坛的花枝都带着水珠；蔷薇已落了许多，有几瓣还乱落在花坛外，沾着些泥土了。油也似的雨，还丝丝地亮晶晶地从檐口挂下，罗岩山山腰以上，无声地放着破絮似的云，铅样的湿烟，低低地笼罩湖水，一切都沉滞得如在水银中一样。

——《时雨的早晨》

（乙）起来正六时，天还未晴，开窗一看，湿而且重的温风就迎面吹来。花坛的花枝上都带着水珠，知道昨夜大雨。蔷薇已落了许多。这蔷薇是今年正月里亲自种的，前天才开，不料就落了。有几瓣还乱落在花坛外，沾着些泥土，这大约是昨夜风大的缘故吧。

油也似的雨，丝丝地亮晶晶地，从檐口挂下，不从檐口去看，却看不出。罗岩山山腰以上放着破絮似的云，天恐一时不会

135

晴呢。铅样的湿烟，低低地笼罩湖水，一切沉滞得如在水银中一样。唉！真令人闷极了。

上面二例，（甲）只述目见的光景，（乙）则于述光景以外，又加入作者自己的解释或说明。读者读了，不消说是取前者不取后者的罢。因为前者比较地能把印象传给读者，且所传给于读者的只有印象，所以读了容易感染。至于后者则像以谆谆的态度教示读者一样，读者读了，很感着不自由；且因所传给于读者的不只印象，夹杂着许多不相干的东西，所以印象也就不能分明地传给读者了。

我国旧式文字中往往以作者自己的态度，强迫读者起同感。如叙述一悲事，结尾必用："呜呼，岂不悲哉！"叙述一乐事，必要带"可谓乐事也已"之类。其实这是强迫读者的无理的态度。悲不悲，乐不乐，读者自会感受，何必谆谆然教诲人家呢？

描写！描写！部分的精细的分写，胜于全体的叙述和说明！再进一步说，要印象的描写！

第六节 小品文作法上的注意——暗示的

前节的所谓部分的描写，并非一定主张绝对地描写一部分，目的是要从部分使人仿佛全体。既然能印象地描写，把部分的印象传给别人，全体的影子必然在其中含着，所以必能将全体的光景暗示读者。说明的文字易陷于轮廓的，范围常有一定，文字就往往无余情可得；描写的文字部分虽小，范围却无限制，可以暗示种种复杂的情景于读者。所以数千字的说明、叙述的文字，有时效力反不及百字内外的描写的文字。小品文的价值大半在此。如果部分的描写，只能收得部分的效果，那就不是好文字。在这个意义上，小品文远比别的长文来得难作。据说，法国雕刻家罗丹雕刻一胸像的时候，先做一全像，完成了再截去手足，而只留下胸部以上的部分。作小品文也非用这样的态度不可。

不要说明的和叙述的，要描写的，要印象的，暗示的；其实这许多话的根本完全相同。说明和叙述必无余情，能描写，自然会成印象的，同时也自然是暗示的了。试看下例：

邻家的柿树，今年又结了许多的实了。这家有一个很可爱的
小孩。去年这时候，他爬上树去摘那柿子，不小心翻下来了。他
哭得不得了，他的父母赶快将他送到医院里去，结果左手带了残
疾了。他垂下了左手走过这树旁的时候，总恨恨地对着树看的。
真可怜呢！

——《柿树》

这例彻头彻尾是叙述的、说明的，并无趣味，也没有余情，
使人读了不过得着一个大概的轮廓，除了说一句"原来如此"以
外，并不会起何等的心情。试再看下例：

近地的孩子们笑着喊着，忘了一切捉着迷藏。从折手以后，
就失了大将地位的芳哥儿，悄然地在他自己门口徘徊，恨恨地对
着那柿树的弯曲的枝杈。他是因从这树上翻下，成了一生不可回
复的残疾的。

圆圆的月亮，从柿树的弯曲的枝杈旁上来了，"月亮弯

弯……"芳哥儿用眼角瞟视着在狂耍的侪伴，一面大声地唱了起来，眼泪忽然含不住了。

这例和前例面目就大异，芳哥儿的悲哀，以及好胜的性格、将来的运命等等，都可在此表露，是有余情、有个性的文字。前例是事情的全体，后例却只是一瞬间的光景；而效力上，后者反胜于前者。可知部分的印象的描写，可以暗示全体。前例是地图式的文字，后例却是绘画式的文字。

用了部分去暗示全体，才会有余情。在这里，可以觉悟小品文并不是容易作的，所得部分，要有全体做背景才可以；并且，部分与背景的中间，最好要有有机的不可分的关系存在。譬如水上浮着的菱，虽只现一小部分的花叶，但水中却有很繁复的部分潜藏着；而水中潜藏着的繁复的部分，和水上所现出的简单的部分，还有着不可分的有机的关系。

暗示是小品文的生命，但所谓暗示可分两部分来看：一是笔法的暗示，一是材料的暗示。前者比较容易，后者实在很难。如能用暗示的笔法去描写暗示的材料，那就是最理想的了。前面所举的崔护的诗，其好处全在他能用暗示的笔法去描写暗示的材料。

第七节　小品文作法上的注意——中心

前面曾说：小品文好像以寡兵抗大敌，非集中兵力，直冲要害不可。又说：如果取整个的多数的材料，不如细密写少数的部分的材料。这里所谓中心，也就是这种态度的别一方面。

所谓中心，就是统一的意思。小品文字数不多，如果再散漫无统一，必致减少效用，没有可以逼人的能力。试看下例：

仍不到六时就起来了。因循惯了的我，这几天居然把贪睡的恶癖矫正，足见世间没有什么难事，最要紧的就是克己。克己！克己！校中先生所带讲的"克己"二字的价值，到今方才了解。

盥洗以后，散步校园，昨夜新晴的天，又下起雨来。满想趁今日星期天出外游耍，现在看去，只好闷居在校里了。"不如意事常八九"，世间大概如此吧。

——《朝晨》

上例前后二段间，并无何等的联络，所说的全是截然不同的事，就是无中心、无统一的文字，令人读了以后，不能得着整个的情味。这样的时候，倒不如把两种材料分作成两篇小品文。

没有中心，文字就要散漫无统一，散漫无统一的文字，断不能动人。但所谓中心，不是一定限于事项的统一，事项虽不前后联络，只要情调心情上能统一时，仍不失为有中心的文字。例如：专写西湖的早景，是统一的；但于一短文中如果兼写西湖的早景、夜景、雨景而确能表出西湖风景的情调（地方色）时，仍不失为有统一有中心的文字。试再看下例：

狗叫过好几次了，父亲还没有回来。在洋灯旁缝着衣服的母亲，渐渐把针的运动宽松；手中的布也次第流到桌上去了。

邻家很远，大哥昨日到上海做学徒去了。窗外的风声，犬声，壁上的时钟声，以及母亲的轻微的鼻息声，都觉得使我感着说不出的寂寥。

狗又叫近来了。母亲很无力地张开眼来，好像吃了一惊了似的，仍旧提起了皱罗罗布来一针一针地缝着。

夜不觉深了！

——《夜》

上例材料上并不统一，尽有前后无关系的事项。但情调却并不散漫，读了可以使人得着一个整个的寂寞无聊的感情。这就是以情调心情为中心的文字。

从此，可知文字不可无中心，这中心用事项来做，或是用情调来做，是不必限定的。只要不是杂凑的文字大概自然都有中心可说，因为我们要忠实地写一事实或一情调时，决不至于说东扯西，弄成无统一的文字的。

第八节　小品文作法上的注意——机智

小品文如奇兵，平板的笔法，断难制胜，非有机智不可。我们观察事物，有正面观察和侧面观察二种。正面观察每多平板，常不及侧面观察来得容易动人。因为正面的部分，是大家都知道的，侧面的部分，往往为人所不顾及的。能将人所忽略的部分，从事观察，文字就容易奇警，而表现也容易成功。

相传有一画师，出了一个《花衬马蹄香》的画题，叫许多学生各画一幅。大多数的学生都从题目的正面着想，画了许多落花，上面再画一个骑马扬鞭的人。这是何等地煞风景呢！有一个聪明学生却不画一片的花瓣，只画一匹马，另外加上许多只随马蹄飞的蝴蝶，画师非常赞许。这是侧面观察成功的一例。

侧面观察就是于事物的普通光景以外，再去找出常人心中所无而实际却有的光景来。这虽有赖于观察力的周到，但基本却在机智的活动。凡是事物，无论如何细小，要想用文字把它表现净尽，究竟是不可能的事。用文字表现，要能使人读了如目见身历，收得印象，全在一二关于某事物的特色。只要是特色，虽很小很微，也足暗示某事物的全体。

例如：霉雨时候，要描写这霉雨天的光景，如果用平板正面的观察的方法来写，不知要用多少字才能写出（其实无论多少字，也写不完全的）。在这时候，假使有人把"蛛网"详细观察，发现"雾样的细雨，把蛛网糁成白色"的一种特别的光景，把这不大经人意的材料和别的事情景况写入文字中，仅这小小的材料，已足暗示霉雨天了。试再看下列各句：

（1）正午的太阳，照得山边的路闪闪地发白光。山脚大松树的树身上流着黄白色的脂浆。

——《暑昼》

（2）日光在窗纸上微微地摇动，落叶掠下来在窗影上画了很粗的黑线。

——《初冬晴日》

上二例都是侧面描写，并不琐碎地把暑日或初冬的光景来说，而暑日或初冬的光景却已活现了。

以上是从机智的一方面的说明。机智还可从别一方面说：就是文字有精彩的部分，和平常的部分可区别。文字坏的，或者是句句都坏；文字好的，却不是句句都好。一篇文中，有几句甚或只有一句好的，有几句平常的。在好的文字中，这好的几句的位置，常配得很适当。

在平常的文字中，加入几句使成好文字，这种能力，是作文者大概必须的。特别地在作小品文时，这能力格外重要。在小品文中，要有用一句使全体振起的能力才好。试看下例：

弱小的菊科花开出来使人全不经意，却颤颤地冷冷地铺满了庭阶。

无力的晚阳，照在那些花的上面，着实有些儿寒意。原来秋已来了。

——叶绍钧《母》

这文末句，是使全体统一收束的，在文中很有力量。如果没有末一句，文字就要没有统一，没有余情了。又如：

正坐在椅子上诵读英文，忽然一个蚊子来到脚膝下；被他一刺，我身一惊，觉得很难忍；急去拍时，已经飞去了。没有多少时候，仍旧飞近我身边，作嗡嗡的叫声。我静静地等他来，果真他回到原处，他伸直了脚，用口管刺入我的皮肤，两翼向上而平，好像在那里用着他的全副精神似的。我拍死了他，那掌上粘湿了的血水，使我感得复仇的愉快和对于生命的怜悯。

——某君《蚊》

这篇所以还算好的，关系全在末一句。如没有末一句，全体就没了意义。以上二例都是以末一句使全文振起的，其实有力的句子并不一定限于放在末了。

以上虽就描写文而说，其实所谓侧面观察，所谓一句使全文振起，不单限于描写文，在议论、感想等类的文字中，也很必要。在议论文感想文中，所谓"警句"者，大都是侧面观察成功的，有振起全文的能力的。例如：

戏子们何等幸福啊！他们自己随意选择了扮作喜剧或扮作悲剧，要苦就苦，要乐就乐，要笑就笑，要哭就哭。但是在实生活上却不能这样。大抵的男女都被强迫了做着自己所不愿做的角色。这个世界是舞台，可是却没有好戏。

——王尔德

日日地过去，无论哪一日，差不多都是空虚、厌倦、无聊，在后也不留什么的痕迹！一日一日地过去，这些时间，原实是无意味无智的东西，然而人总希望共同生存。他们赞美人生，他们将希望摆在人生上面、自己上面，及将来上面。啊！他们在将来上面期待着怎样的幸福啊！

那么，为什么，他们认作来日不像正在过着的今日一样呢？

不，他们并未想过这样的事，他们全不喜想，他们只是一日一日地过去。

"啊！明日，明日！"他们只是这样自慰，直到"明日"将他们投入坟墓中去为止。

可是，一等入了坟墓，他们也就早已不想了。

　　　　　　　　　　　　　　　　　　　——屠格涅夫

上二例都是名文，寥寥数言中，实已喝破真理的一面。其末句都很有力，使人读了怒也不是，哭也不是，笑也不是，不知如何才好。又本章第一节所举的《鸡》，差不多全体是警句，可以参照。

第九节　实际做例和添削

（一）第一步。文有用了想象做的，如冒险小说之类，其中所描写的都非作者目见亲历之境，只是想象的产物。就是普通文字中，也不无想象的分子夹杂。但初学的，人用想象作文，实不如从观察作文稳当。观察第一要件在真实，观察力若尚未养成，所想象的也难免不合实际。如画家然，必先从摹写实物人体入手，熟悉各种形态、骨骼、筋肉的变化，然后可从事创作。

但是眼前的材料很多，从哪里观察起呢？这本不成问题，所以发生这疑问，实由于着手就想创作名文的缘故。老实说，名文并不是一蹴可几的。在初时，最好就部分的、平凡事物中搜集材料，逐渐制作，渐渐地自会熟达，成近于名文的文字。文字的好坏本不在材料的性质，而在表现的技能。善烹调的，无论用了怎样平常的原料，也能做出可口的肴馔来。世上森罗万象，一入能文者的笔端就都成了好文章了。

（二）由材料到成文字。无论什么材料都可用，只要仔细观察了，把它写出来，就成文字；这样说法，作文不是很容易的吗？其实，这是大大的难事。写出原是容易，但要将自己所观察得的依样传给别人，使别人也起同样的心情，这却很难；并且不如此，文字就没了意义了。

现在试示一二做例吧。

假定我们观察春日的田野，在笔记本上，得到下列的材料：

（1）草青青地长着，草上有两个蝴蝶在那里翩翩飞舞，一个是黄蝴蝶，一个是白蝴蝶。

（2）小川潺潺流着，水面被日光反射成银白色。

（3）远远的树林，晕成紫色，其上飘着蓬蓬的白云。

（4）两个老鹰在空中回旋，不时落近到地面来。

（5）温风吹在身上，日光照在头上，藉草坐了，竟想睡去，我不禁立了唱起歌来了。

材料有了，更要把这材料连缀起来成为文字。那么怎样连缀呢？先就全体材料的性质考察：草——蝴蝶——小川——树林——云——老鹰——温风——日光。这里面，树林和云是远景，老鹰也比较地不近，草、蝴蝶、小川是最和作者相近的。照普通的顺序，先说近的，后说远的，原来的排列似乎也没大错。但依原形连缀拢来，究竟不成文章：第一，接合不稳；第二，词句未净。

句虽明了，但是不干净，多冗词。"草""草上""两个蝴蝶""黄蝴蝶""白蝴蝶"相同的名词叠出，文趣不好。应改削如下：

青青的草上，有黄白二蝶翩翩飞舞。

这样就够了。（2）没有什么可删，原形也可用。不过突然与（1）连结，文有点不合拍。如果加入一句"草的尽处"，连接起来就不突兀，并且景色也较能表出。

其次是（3）和（4）了。这二者要互易顺序，景物才能统一。为了与上文连接及表出春日的心情起见，上加一句"抬起倦眼仰望"，更得情味。其余一仍其旧，将全体连缀起来如下：

青青的草上，有黄白二蝶翩翩飞舞。草的尽处，小川潺潺流着，水面被日光反射成银白色。

抬起倦眼仰望，两个老鹰在空中回旋，不时落近在地面来。远处的树林晕成紫色，其上飘着蓬蓬的白云。

温风吹在身上，日光照在头上，藉草坐了竟想睡去，我不禁立了唱起歌来了。

这样，文虽不工，但繁词已去，连接也无大病，春野的景色，春日的情感，已能表出若干了。

再示一例吧。假如有这样的一篇学生日记：

某月日，星期。

早晨，近处有一小孩被车子碾伤，门前大喧扰。我只在窗口望了一望，不忍近视。后来知道，这受伤的小孩是某家的独子，送入病院以后即受手术，但愿能就医好。

正预习着明日的功课，李君来了。乃相与共同预习。所预习的是英语。二人彼此猜测先生的发问，不觉都皱了眉。

午餐与李君谈笑共食。

午后到李君家，适他家有亲戚来，李君很忙，我就回来了。傍晚无事。

灯下继续预习毕，翻阅小说，至敲十一点钟，始惊觉就寝。

先就第一节看，所记的是偶发事项，与自己无直接关系；似乎是可记可不记的材料。如果要记，应只用简洁的词句，不应这样冗长。可改削如下：

早晨，有一个小孩在门口被车子碾伤。附近大喧扰。听说就送入医院去了。

这样已够，再改作如下，则更好：

早晨，有一个小孩在门口被车子碾伤，为之怆然。

"为之怆然"这是感情的语句，加入了可以表出当时的心情。这种表示感情的语句，要简劲有余情，能含蓄丰富才好。

再检查第二节。这节中末句"皱了眉"很好，但开端太冗滞，宜改削如下：

正预习明日的英语，李君来了。乃相与共同预习。彼此猜测先生的发问，不觉皱了眉。

原文，"预习"两见，"所预习的是英文"，是无谓的说明。改作如上，就比较妥当了。

第三节无病。第四节"他家有亲戚来"云云，也与自己无关系，可省略，改如下：

午后因送李君，顺便一到他家就归。

第五节的"傍晚无事"全是废话；无事，无事就是了，何必声明呢？当全删。

第六节无病。末句能表出情味，不失为佳句。

第十节　分段与选题

（一）文的分段。文字的分段和句逗性质一样，同是表示区划的。最小的区划是逗，其次是句，再其次是段。有时还有空一行另写，表示比段更大的区划的。

分段不但使文字易读，且使文字有序不紊。分段有长有短，原视人而不同，但大体也有一定的标准，就是要每段自成一段落。用前节的例来说：

青青的草上，有黄白二蝶翩翩飞舞。草的尽处，小川潺潺流着，水面被日光反射成银白色。

抬起倦眼仰望，两个老鹰在空中回旋，不时落近在地面上来，远处的树林，其上飘着蓬蓬的白云。

温风吹在身上，日光照在头上，藉草坐了竟想睡去，我不禁立了唱起歌来了。

这文是分作三段写成的。第一段着眼近处，第二段着眼远处，两不相同，所以换行另写。第三段是心情的抒述和前二段叙述事物的又不同，所以再别作一段。换一着眼点，就把文字分段，这是普通的标准。

所要注意的，就是标准只是相机而定的。例如上文第一段所包含的事物有草、蝶、小川三项；如果在全文描写精细，不这样简单的时候；那么由草而蝶，由蝶而小川，都可说是着眼点的更换，就都应分段了（下面二段也是这样）。上文所以合为一段，一因文字简单，二因所写的都是近景的缘故。

分段还有把每段特别提出的意思，能使分出的文字增加强度。有时，往往因为要想使某文句增加强度，特意分行写列的。试看下例：

K君从车窗探出头来说"再会"。我也说了一声"再会"，不觉声音发颤了。K君也把眼圈红了起来。汽笛威吓似地一作声，车就开动。我目送那车的移行，不久被树林遮阻，眼前只留着一片的野原。

啊！K君终于去了。

我不觉要哭起来了。

这文末二句原可并为一段的，却做二行写着。分段以后，语气加强，连全文都加了强度了。能适当分段也是文章技巧之一，但须入情合理，不可无谓妄饰。

（二）题的选择。文字中，有先有题目，后有文字的；有先有文字，后有题目的。旧式文字往往先有题目，随题敷衍。其实，好的文字都是作者先有某种要写的事物或思想情感，如实写出，然后再加题目的。特别地在小品文应该如此。

题目应随文的内容而定，自不容说。但陈腐的题目不能令人注目，有时因题目陈腐，使本文也惹了陈腐的色彩。过于新奇呢，又易使读者读了本文失望。所以题目非推敲斟酌不可。

举例来说：前节所列春日写景的文字，如果要定起题目来是很多的：《春野》《春景》《游春》等等都可以。但我以为不如定为《藉草》来得切实而不落陈套。

在小品文中，文字须苦心制作，题目也须苦心制作。题的好坏，有时竟有关于文的死活。尽有文字普通，因了题目的技巧，就生出气来的。

今天母鸡又领了一群小鸡到篱外来了。其中最弱的一只，赶不上其余的，只是郎当地在后跟着。忽然发出异常的叫声，挣扎飞奔，原来后面来了一只小狗。母鸡回奔过来，绕在那小鸡后面，向小狗作着怒势。小鸡快活地奔近兄弟旁边去，小狗慑于母鸡的威势，也就逃走了。

这文材料很普通，文字也没有十分了不得，但《亲恩》这题目实有非常的技巧。因了题目好的缘故，平凡的本文也成了奇警了。这是用题目来振起全文的一例。

夏丏尊散文精选

猫

马湖新居落成，把家眷迁回故乡的后数日，妹就携了四岁的外女，由二十里外的夫家雇船来访。自从母亲死后，兄弟们各依了职业迁居外方，故居初则赁与别家，继则因兄弟间种种关系，不得不把先人有过辛苦历史的高大屋宇售让给附近的暴发户，于是兄弟们回故的机会就少，而妹也已有六七年无归宁的处所了。这次相见，彼此既快乐又酸辛。小孩之中竟有未曾见过姑母的，外甥女当然不认得舅妗和表姐，虽经大人指导勉强称呼，总是呆呆地相觑着。

新居在一个学校附近，背山临水，地位清静，只不过平屋四间。论其构造，连老屋的厨房还比不上，妹妹却极口表示满意：

"虽比不上老屋，总究是自己的房子。我家在本地已有许多年没有房子了！自从老屋卖去以后，我多少被人瞧不起！每次乘船行过老屋的面前，真是……"

妻见妹说得眼圈有点红了，就忙用话岔开：

"妹妹你看，我老了许多吧？你却总是这样后生。"

"三姐倒不老——人总是要老的。大家小孩都已这样大了，他们大起来，就是我们在老起来。我们已六七年不见了呢。"

"快弄饭去吧！"我听了她们的对话，恐再牵入悲境，故意打断话头使妻走开。

妹自幼从我学会了酒，能略饮几杯。兄妹且饮且谈，嫂也在旁羼着。话题由此及彼，一直谈到饭后还连续不断。每到妹和妻要谈到家事或婆媳小姑关系上去，我总立即设法打断。因为我是深知道妹在夫家的境遇的，很不愿在难得晤面的当初就引起悲怀。

忽然，天花板上起了嘈杂的鼠声。

"新造的房子，老鼠就这样多了吗？"妹惊讶地问。

"大概是近山的缘故吧。据说房子未造好就有了老鼠的。晚上更厉害，今夜你听，好像在打仗哩。你们那里怎样？"妻说。

"还好，我家有猫。——快要产小猫了，将来可捉一只来。"

　　"猫也大有好坏，坏的猫老鼠不捕，反要偷食，到处撒屎，还是不养好。"我正在寻觅轻松的话题，就顺了势讲到猫上去。

　　"猫也和人一样，有种子好不好的。我那里的猫是好种，不偷食，每朝把屎撒在盛灰的畚斗里。——你记得从前老四房里有一只好猫吧。我们那只猫就是从老四房里讨去的小猫。近来听说老四房里已断了种了——每年生一胎，附近养蚕的人家都来千求万恳地讨，据说讨去的都不淘气。现在又快要生小猫了。"

　　老四房里的那只猫向来有名。最初的老猫是曾祖在时就有了的。不知是哪里得来的种子，白地小黄黑花斑，毛色很嫩，望上去像上等的狐皮"金银嵌"。善捉鼠，性质却柔驯得了不得。我小时候常去抱来玩弄，听它念肚里佛，掰开它的眼睛来看，不啻是一个小伴侣。后来我由外面回家，每走到老四房去，有时还看见这小伴侣的子孙。也曾想讨一只小猫到家里去养，终难得逢到恰好有小猫的机会，自迁居他乡，十年来久不忆及了，不料现在种子未绝，妹家现在所养的，不知已是最初老猫的几世孙了。家道中落以来，田产室庐大半荡尽，而曾祖时代的猫尚间接地在妹家留着种子，这真是一种不可思议的缘，值得叫人无限感兴的了。

"哦！就是那只猫的种子！好的，将来就给我们一只。那只猫的种子是近地有名的，花纹还没有变吗？"

"你喜欢哪一种？——大约一胎多则三只，少则两只。其中大概有一只是金银嵌的，有一二只是白中带黑斑的，每年都是如此。"

"那自然要金银嵌的罗。"我脑中不禁浮出孩时小伴侣的印象来，更联想到那如云的往事，为之茫然。

妻和妹之间，猫的谈话仍继续着。儿女中大些的张了眼听，最小的阿满摇着妻的膝问："小猫儿时会来？"我也靠在藤椅子上吸着烟默然听她们。

"猫小的时候，要教它会才好。如果撒屎在地板上了，就捉到撒屎的地方，当着它的屎打，到碗中偷食吃的时候，就把碗摆在它的前面打。这样打了几次，它就不敢乱撒屎多偷食了。"

妹的猫教育论，引得大家都笑了。

次晨，妹说即须回去，约定过几天再来久留几日，临走的时候还说：

"昨晚上老鼠真吵得厉害，下次来时，替你们把猫捉来吧。"

妹去后，全家多了一个猫的话题。最性急的自然是小孩，她们常问"姑妈几时来"，其实都是为猫而问。我虽每回回答她们："自然会来的，性急什么？"而心里也对于那与我家一系有二十多年历史的猫，怀着迫切的期待，巴不得妹——猫快来。

妹的第二次来，在一个月以后，带来的只是赠送小孩的果物和若干种的花草苗种，并没有猫。说小猫前几天才出生，要一个月后方可离母。此次生了三只，一只是金银嵌的，其余两只是黑白花和狸斑花的，讨的人家很多，已替我们把金银嵌的留定了。

猫的被送来已是妹第二次回去后半月光景的事。那时已过端午，我从学校回去，一进门，妻就和我说：

"妹妹今天差人把猫送来了，她有一封信在这里。说从回去以后就有些不适。大约是发寒热，不要紧的。"

我从妻手里接了信草草一看，同时就向室中四望：

"猫呢？"

"她们在弄它。阿吉，阿满，你们把猫抱来给爸爸看！"

立刻，听得柔弱的"尼亚尼亚"声，阿满从房中抱出猫来：

"会念佛的，一到就蹲在床下。妈说它是新娘子呢。"

我熟视着女儿手中的小猫说：

"还小呢，别去捉它，放在地上。过几天会熟的。当心碰见狗！"

阿满将猫放下。猫把背一耸就跟跄地向房里遁去。接着就从房内发出柔弱的"尼亚尼亚"的叫声。

"去看看它躲在什么地方。"阿吉和阿满蹑了脚进房去。

"不要去捉它啊！"妻从后叮嘱她们。

猫确是金银嵌，虽然产毛未褪，黄白还未十分夺目，尽足依约地唤起从前老四房里的小伴侣的印象。"尼亚尼亚"的叫声，和"咪咪"的呼唤声，在一家中起了新气氛，在我心中却成了一个联想过去的媒介，想到儿时的趣味，想到家况未中落时的光景。

与猫同来的，总以为不成问题的妹的病消息，一二日后竟由沉重而至于危笃，终于因恶性疟疾引起了流产，遗下未足月的女孩而弃去这世界了。

一家人参与丧事完毕从丧家回来，一进门就听到"尼亚尼亚"的猫声。

"这猫真不吉利，它是首先来报妹妹的死信的！"妻见了猫叹息着说。

猫正在檐前伸了小足爬搔着柱子，突然见我们来，就踉跄逃去。

阿满赶到厨下把它捉来了，捧在手里：

"你不要逃，都是你不好！妈！快打！"

畜牲晓得什么？唉，真不吉利！"妻呆呆地望着猫这样说，忘记了自己的矛盾，倒弄得阿满把猫捧在手里瞪目茫然了。

"把它关在伙食间里，别放它出来！"我一壁说一壁懒懒地走入卧室去睡。我实在已怕看这猫了。

立时从伙食间里发出"尼亚尼亚"的悲鸣声和嘈杂的搔爬声来。努力想睡，总是睡不着。原想起来把猫重新放出，终于无心动弹，连向那就在房外的妻女叫一声"把猫放出"的心绪也没有，只让自己听着那连续的猫声，一味沉浸在悲哀里。

从此以后，这小小的猫在全家成了一个联想死者的媒介，特别是我。这猫所暗示的新的悲哀的创伤，是用了家道中落等类的怅惘包裹着的。

伤逝的悲怀随着暑气一天一天地淡去，猫也一天一天地长大。从前被全家所诅咒的这不幸的猫，这时候渐被全家宠爱珍惜起来了，当作了死者的纪念物。每餐给它吃鱼，归阿满饲它，晚上抱进房里，防恐被人偷了或是被野狗咬伤。

白玉也似的毛地上，错落的黄黑斑非常明显，蹲在草地上或跳掷在凤仙花丛里的时候，望去真是美丽。附近四邻或路过的人见了称赞说"好猫"，这时候，妻脸上就现出一种莫可言说的矜夸，好像是养着一个好儿子或是好女儿。特别是阿满：

"这是我家的猫，是姑母送来的。姑母死了，只剩了这只猫了！"有人称赞猫的时候，她不管那人陌生与不陌生，总会睁圆了眼起劲地对他说明这些。

猫成了一家的宠儿了，每餐食桌旁总有它的位置。偶然偷了食或乱撒了屎，虽然依妹的教育法是要就地罚打的，妻也总看妹面上宽恕过去。阿吉阿满一从学校里回来就用带子逗它玩，或是捉迷藏似的在庭间追赶它。我也常于初秋的夕阳中坐在檐下对了这跳掷着的小动物作种种的遐想。

那是快近中秋的一个晚上的事：湖上邻居的几位朋友，晚饭后散步到了我家里，大家在月下闲话，阿满和猫在草地上追逐着玩。客去后，我和妻搬进几椅正要关门就寝，妻照例记起猫来：

"咪咪!"

"咪咪!"阿吉阿满也跟着唤。

可是却听不到猫的"尼亚尼亚"的回答。

"没有呢!哪里去了?阿满,不是你捉出来的吗?去寻来!"妻着急起来了。

"刚刚在天井里的。"阿满瞠着眼含糊地回答,一壁哭了起来。

还哭!都是你不好,夜了还捉出来做什么呢?——咪咪!咪咪!"妻一壁责骂阿满,一壁嘎了声再唤。

"咪咪!咪咪!"我也不禁附和着唤。

可是仍听不到猫的"尼亚尼亚"的回答。

叫小孩睡好了,重新找寻,室内室外,东邻西舍,分头到处寻遍,哪有猫的影儿?连方才谈天的几位朋友都过来帮着在月光下寻觅,也终于不见形影。一直闹到十二点多钟,月亮已照屋角为止。

"夜深了,把窗门暂时开着,等它自己回来吧!——偷是没有人偷的,或者被狗咬死了,但又不听见它叫。也许不至于此,今夜且让它去吧。"

我宽慰着妻，关了大门，先入卧室去。在枕上还听到妻的"咪咪"的呼声。

猫终于不回来。从次日起，一家好像失了什么似的，都觉到说不出的寂寥。小孩放学回来也不如平日的高兴，特别在我，于妻女所感得的以外，顿然失却了沉思过去种种悲欢往事的媒介物，觉得寂寥更甚。

第三日傍晚，我因寂寥不过了，独自在屋后山边散步，忽然在山脚田坑中发现猫的尸体。全身粘着水泥，软软地倒在坑里，毛贴着肉，身躯细了好些，项有血迹，似确是被狗或者野兽咬毙了的。

"猫在这里！"我不自觉叫着说。

"在哪里？"妻和女孩先后跑来，见了猫都呆呆的，几乎一时说不出话。

"可怜！一定是野狗咬死的。阿满，都是你不好！前晚你不捉它出来，哪里会死呢？下世去要成冤家啊！——唉！妹妹死了，连妹妹给我们的猫也死了。"妻说时声音呜咽了。

阿满哭了，阿吉也呆着不动。

"进去吧。死了也就算了，人都要死哩，别说猫！快叫人来把它葬了。"我催她们离开。

妻和女孩进去了。我向猫作了最后的一瞥，在黄昏中独自徘徊。日来已失了联想媒介的无数往事，都回光返照似的一时强烈地齐现到心上来。

刊《一般》第二号

1926年10月

白马湖之冬

在我过去四十余年的生涯中，冬的情味尝得最深刻的，要算十年前初移居白马湖的时候了。十年以来，白马湖已成了一个小村落，当我移居的时侯，还是一片荒野。春晖中学的新建筑巍然矗立于湖的那一面，湖的这一面的山脚下是小小的几间新平屋，住着我和刘君心如家。此外两三里内没有人烟。一家人于阴历十一月下旬从热闹的杭州移居这荒凉的山野，宛如投身于极带中。

那里的风，差不多日日有的，呼呼作响，好像虎吼。屋宇虽系新，构造却极粗率，风从门窗隙缝中来，分外尖削，把门缝窗隙厚厚地用纸糊了，橡缝中却仍有透入。风刮得厉害的时侯，天未夜就把大门关上，全家吃毕夜饭即睡入被窝里，静听寒风的怒号，湖水的澎湃。靠山的小后轩，算是我的书斋，在全屋子中风最少的一间，我常把头上的罗宋帽拉得低低的，在洋灯下工作至夜深。松涛如吼，霜月当窗，饥鼠吱吱在承尘上奔窜。我于这种时侯深感到萧瑟的诗趣，常独自拨划着炉灰，不肯就睡，把自己拟诸山水画中的人物，作种种幽邈的遐想。

现在白马湖到处都是树木了，当时尚一株树木都未种。月亮与太阳都是整个儿的，从上山起直要照到下山为止。太阳好的时侯，只要不刮风，那真和暖得不像冬天。一家人都坐在庭间曝日，甚至于吃饭也在屋外，像夏天的晚饭一样，日光晒到哪里，就把椅凳移到哪里，忽然寒风来了，只好逃难似的各自带了椅凳逃入室中，急急把门关上。在平常的日子，风来大概在下午快要傍晚的时侯，半夜即息。至于大风寒，那是整日夜狂吼，要二三日才止的。最严寒的几天，泥地看去惨白如水门汀，山色冻得发紫而黯，湖波泛深蓝色。

下雪原是我怕不憎厌的，下雪的日子，室内分外明亮，晚上不用燃灯。远山积雪足供半个月的观看，举头即可从窗中望见。可是究竟是南方，每冬下雪不过一二次。我在那里所日常领略的冬的情味，几乎都从风来。白马湖的所以多风，可以说是有着地理上的原因。那里环湖都是山，而北首却有一个半里阔的空隙，好似故意张了袋口欢迎风来的样子。白马湖的山水和普通的风景地相差不远，唯有风却与别的地方不同。风的多和大，凡是到过那里的人都知道的。风在冬季的感觉中，自古占着重要的因素，而白马湖的风尤其特别。

现在，一家僦居上海多日了，偶然于夜深人静时听到风声，大家就要提起白马湖来，说："白马湖不知今夜又刮得怎样厉害哩！"

刊《中学生》第四十号

1933年12月

鲁迅翁杂忆

我认识鲁迅翁，还在他没有鲁迅的笔名以前。我和他在杭州两级师范学校相识，晨夕相共者好几年，时候是前清宣统年间。那时他名叫周树人，字豫才，学校里大家叫他周先生。

那时两级师范学校有许多功课是聘用日本人为教师的，教师所编的讲义要人翻译一遍，上课的时候也要有人在旁边翻译。我和周先生在那里所担任的就是这翻译的职务。我担任教育学科方面的翻译，周先生担任生物学科方面的翻译。此时，他还兼任着几点钟的生理卫生的教课。

翻译的职务是劳苦而且难以表现自己的，除了用文字语言传达他人的意思以外，并无任何可以显出才能的地方。周先生在学校里却很受学生尊敬，他所译的讲义就很被人称赞。那时白话文尚未流行，古文的风气尚盛，周先生对于古文的造诣，在当时出版不久的《域外小说集》里已经显出。以那样的精美的文字来译动物植物的讲义，在现在看来似乎是浪费，可是在三十年前重视文章的时代，是很受欢迎的。

周先生教生理卫生，曾有一次答应了学生的要求，加讲生殖系统。这事在今日学校里似乎也成问题，何况在三十年以前的前清时代。全校师生们都为惊讶，他却坦然地去教了。他只对学生提出一个条件，就是在他讲的时候不许笑。他曾向我们说："在这些时候不许笑是个重要条件。因为讲的人的态度是严肃的，如果有人笑，严肃的空气就破坏了。"大家都佩服他的卓见。据说那回教授的情形果然很好。别的学生因为没有听到，纷纷向他来讨油印讲义看，他指着剩余的油讲义对他们说："恐防你们看不懂的，要么，就拿去。"原来他的讲义写得很简，而且还故意用着许多古语，用"也"字表示女阴，用"了"字表示男阴，用"乡"字表示精子，诸如此类，在无文字学素养未曾亲听过讲的人看来，好比一部天书了。这是当时的一段珍闻。

周先生那时虽尚年青，丰采和晚年所见者差不多。衣服是向不讲究的，一件廉价的羽纱——当年叫洋官纱——长衫，从端午前就着起，一直要着到重阳。一年之中，足足有半年看见他着洋官纱，这洋官纱在我记忆里很深。民国十五年初秋他从北京到厦门教书去，路过上海，上海的朋友们请他吃饭，他着的依旧是洋官纱。我对了这二十年不见的老朋友，握手以后，不禁提出"洋官纱"的话来。"依旧是洋官纱吗？"我笑说。"呃，还是洋官纱！"他苦笑着回答我。

周先生的吸卷烟是那时已有名的。据我所知，他平日吸的都是廉价卷烟，这几年来，我在内山书店时常碰到他，见他所吸的总是金牌、品海牌一类的卷烟。他在杭州的时候，所吸的记得是强盗牌。那时他晚上总睡得很迟，强盗牌香烟，条头糕，这两件是他每夜必须的粮。服侍他的斋夫叫陈福。陈福对于他的任务，有一件就是每晚摇寝铃以前替他买好强盗牌香烟和条头糕。我每夜到他那里去闲谈，到摇寝铃的时候，总见陈福拿进强盗牌和条头糕来，星期六的夜里备得更富足。

周先生每夜看书，是同事中最会熬夜的一个。他那时不做小说，文学书是喜欢读的。我那时初读小说，读的以日本人的东西为多，他赠了我一部《域外小说集》，使我眼界为之一广。我在二十岁以前曾也读过西洋小说的译本，如小仲马、狄更斯诸家的作品，都是从林琴南的译本读到过的。《域外小说集》里所收的是比较近代的作品，而且都是短篇，翻译的态度，文章的风格，都和我以前所读过的不同。

这在我是一种新鲜味。自此以后，我于读日本人的东西以外，又搜罗了许多日本人所译的欧美作品来读，知道的方面比较多起来了。他从五四以来，在文字上，思想上，大大地尽过启蒙的努力。我可以说在三十年前就受他启蒙的一个人，至少在小说的阅读方面。

周先生曾学过医学。当时一般人对于医学的见解，还没有现在的明了，尤其关于尸体解剖等类的话，是很新奇的。闲谈的时候，常有提到这尸体解剖的题目，请他讲讲"海外奇谈"。他都一一说给他们听。据他说，他曾经解剖过不少的尸体，有老年的，壮年的，男的，女的。依他的经验，最初也曾感到不安，后来就不觉得什么了，不过对于青年的妇人和小孩的尸体，当开始去解剖的时候，常会感到一种可怜不忍的心情。尤其是小孩的尸体，更觉得不好下手，非鼓起了勇气，拿不起解剖刀来。我曾在这些谈话上领略到他的人间味。

周先生很严肃，平时是不大露笑容的，他的笑必在诙谐的时候。他对于官吏似乎特别憎恶，常摹拟官场的习气，引人发笑。

现在大家的"今天天气……哈哈"一类的摹拟谐谑，那时从他口头已常听到。他在学校里是一个幽默者。

刊《文学》第七卷第六期

1936年12月

教学小品文

国文在学校中，是个问题最多的科目，其中作文教授，尤其是最麻烦讨厌的部分。说起这星期要作文，先生学生都大加害怕，先生怕改文课，学生怕作不好，这是一般学校作文教授的现状。

在春晖担任国文科教授快一年了。这一年中，为想改进作文教授，曾也费过很多心力，想过许多方法。稿上订正、当面改削，自由命题、共同命题，教授作文方法（曾把文体分为说明、记事、议论等几种，编了讲义分别讲解），大概普通教授上所用的方式，都已用到；而学生的绩，实在太幼稚了；本校学生的作文能力，较之一般同等学校的学生，也许并不特别不良，但不良总是不良，无法辩解的。

举例来说：叫他们作日记，他们就把一日的行事账簿式地排列起来，什么"晨几时起床，上午上课四班……九点半钟就寝",弄成每日一样、每人一样的文字。叫他们作一篇像《公德》题的文字,他们就将什么"人不可无公德""中国人公德不讲究""外国人都很讲公德""我想,我们非讲公德不可""我劝同学们大家要讲公德"等无聊的套语凑集起来,再加以"为什么呢?因为……所以……"样的自问自答,把篇幅伸长,弄成似是而非、敷泛不切的一篇东西。现在通行的是语体,本校各班又都在教授语法,学生在词句间,除了几个特别幼稚者外,手病不用说是很少的。结果教者可改者只是内容了,不,只是补充内容了。但是又因为他们的文字中,本没有内容,结果补充也无从补充,于是只好就顺序上、繁简上,勉强改削一下,把文课还给学生,而学生也感不到特别的兴味,得不到什么益处。注意点的学生呢,从改笔上理解了关于繁简顺序等表面上的方法,下次作起文来,竟可一字不改,而其内容的空虚无聊,还依然如故。

这大概是现在普通教育中作文教授的一个公式吧。一般的现状,如果确如我所说,我以为真是很可悲观的事,因为如此作文,是作一千次也没用的。用了语体作文,表面上已叫作"新文章"了,其实除了把文言翻成白话以外,内容上何尝有一点的新气?现代学生文课中的"外国怎样好,中国怎样坏",同以前学生文课中的"古者……今也则否"有何分别？"西儒说……""杜威说……"，不就是新式的"古人有言曰""子曰"吗？"我所敬爱的某君……祝你健康"，不就是从前"某某仁兄大人阁下……敬请台安"的变形吗？但改变了文体的形式，而不改变作文的态度，结果总无什么用处的。

如何可以改变学生作文的态度？我为这问题烦闷长久了！我近来对于学生学国文，有两种见解：一是劝学生不要只从国文去学国文，二是劝学生不要只将国文当国文学。现在学生读了几篇选文，依样模仿，以为记了几句文句或几段大意，作文时可以用的，于是作出文来，就满纸陈言，千篇一例，这就是只从国文去学国文的毛病，现在的所谓选文，并不是像以前的只是空洞的文章，或是含着什么问题，或是记着什么事理，内容很复杂的。如果学生只当作国文去读，必至徒记诵着外面的文字，而于重要的内容不去玩索，结果于思想推理方面毫无补益，头脑仍然空虚，依旧只会作把文言。"且夫天下之人……"翻成白话的文章。这就是只将国文当国文学的毛病。

上面所述的我的两种意见，第一种是关于作文教授的，第二种是主要地关于读解教授的。现在只把第一种意见的办法来说：

学生作文能力的不发展，我既认为是只从国文去学国文的缘故，那么，叫他们从什么地方去学国文呢？我所第一叫学生注意的，是自己的生活，叫他们用现实生活来做作文的材料。可是在入校前向无玩味自己现实生活的习惯的学生们，对于自己的生活，所能说的只是账簿式的一种轮廓（像前面所举的日记例），并不能表出什么生活的内容或情调来。并且摇笔即来的滥调，往往仍不能免。记得有一次，我出了"我的故乡"的一个题目，竟有一个学生仍打起老调，说什么"凡人必有故乡……"一类的空话的！

　　我想设法使学生对于现实生活有玩味观察的能力，以救济这个病弊，于是叫学生学作小品，叫他们以一二百字写生活的一断片，一面又编了一点小品文的讲义教授讲解。行之几时，学生作文的态度及兴味，似乎比前好些，题材以现实生活为限，命题听学生自由，学生很喜欢作，作来的文字，虽还不十分好，然较之于前的空泛，却算已有点进步，至少不至于看了讨厌，替他们改削，也不至徒劳了。现在录几篇学生的成绩，给大家看看。这些成绩中，有的在词句及繁简上已经教者修正，但内容却都是学生自己的本色。

箫声　钟显谟

昏暗笼罩了世界，一切都很沉静，静已入了睡乡，做休息的梦了。忽然间，不知从哪里曲曲折折地传来了幽遐的箫声。隐约听去，身子仿佛轻松了许多，心也渐渐地沉下去了。一切物质的欲望，实利的思想，都随着这箫声悠悠渺渺地逝去，所剩的只有一个空虚的心。

不知在什么时候，故乡、慈母、儿时之乐都纷然乘虚而入，把空虚的心中，又装满了说不出的悲哀与寂寞了。

插秧　张健尔

农人弯了背儿把不满半尺的稻秧在那泥泞而滑的水田中插着，每次插下去的时候，随着手儿发出"卟咚卟咚"的谐音。这较之日间火车通过时那种"克荦克荦"噪音，真有仙凡之别。

长方形的水田中渐渐地满布着嫩绿色的稻秧，那农人在其中，简直好像一幅绝佳的自然画里画着的人物一样。

封校报　陆灵祺

电灯明晃晃地照得小房间里白昼似的，七八个人围坐在一大长桌旁。地板上铺散着一片瓦片似的校报，几只手像机轮开着的时候动个不息。这一边的人将报一张张像信纸似的折起来，坐在那一边的接去一份份地封起，再贴上印好的送达地址。"呀！北京方面齐了，上海方面也齐了，还有杭州，还有学校以外的教育机关。"手里做、心里急，眼睛屡次看着桌上一大碗还没有用完的浆糊。

提笔　汤冠英

无聊极了，决心要提笔写些东西。写些什么，自己也没有知道；写什么好，自己也没有主意。胡思乱想地思索了一回。笔提得手酸了，墨水干了。苍蝇窃吸了墨水去，正在我的第一次穿上的新夏布制服上撒粪。唉！可恶极了，赶去苍蝇，思绪也顿然无形无踪地消灭了。

乒乓　何逮荣

滴滴的微雨方止，疏疏的霞云中露出一线深红色的快归去的日光来。我和C君闲步到高小部，那楼上俱乐部的兵乓球声把我和C君引上楼去。C君先拿着球板与L君打起来，我在旁候着。

一个，二个……C君早已输去，但他们记错了，还说没有。我板着脸走了。自然地从心坎里发出来的诅咒，却传到口上了。

这也算出了我的气，我自己一边走，一边这样想。

Game 吕襄宝

唉！我们的能力不及他们，现在已经三与一之比了，到Game只有一个球了，心里慌得几乎连网拍都拿不动。

"打得好，还可得到相等。"旁人话未说完，敌手已把球开过来了。我心想得认真地回过去，果然很好地回过去了。那时心里一时觉得很快乐，希望得到相等，不料很急促的球又弹子也似的过来了。我们只注目着球，任它过去，无法可想。

"Game！"对方喊着，我和同组的只好放了网拍，立在域外，同组的虽不怨，我总觉得有些连累了他。

吃饭前后的饭厅 徐思睿

第五时的功课退了，肚中正是有点饿的样子，忽然饭厅里面作出叮当叮当的声响，心知就是午膳了。到了饭厅，有几个同学是已经盛好了饭要吃了，有的却正在盛饭赴座，有几个还没有到饭厅，正在从寝室里到饭厅里的走廊里走着。这时饭厅里发出乒乒乓乓拿碗的、吱吱咯咯移凳的种种声音，还有你言我语的种种喧哗声，热闹得像剧场一般。

人大概到齐了，饭也盛毕了，各人都到了自己的座里。这时比较分钟静些。有几桌里的人批评蔬菜的好歹，有几桌的人谈些不关紧要的说话。

像这样过了十几分钟以后，有的吃罢，有的已出去，于是声音也渐渐地静寂，只有厨役收碗碟的响声了。

闲步　刘家口

春末的斜阳，露出它将辞别的依依不忍的情意，可使人们日间恶它如火如焚的心境即刻消除无余。那和蔼可亲的回光，反照着蓬勃的枝柯和碧绿的山岩，以及倒映在微波不动的湖水里的幻景和那笼着炊烟的四境。明暗不一的远人村落和周围的杂树，远望犹如罩着淡蓝色的蚊帐一般。

我因喘咳，吐唾入水里，只见众多小鱼跳出争食，镜也似的水面就叠起了圆环，转瞬间，平静为之破环，好一会犹未恢复，我悔了！

蚊 曹增庆

正坐在椅子上通读英文，忽然一个蚊子来到脚膝下，被它一刺，我身一惊，觉得很难忍，急去拍时，已经飞去了。没有多少时候，仍旧飞近我身边，作嗡嗡的叫声。我静静地等它来，果真它回到原处。它撑直了脚，用口管刺入我的皮肤，两翼向上而平，好像在那里用着它的全副精神似的。我拍死了它，那掌上粘湿的血水使我觉得复仇的快感和对于生命的怜悯。

因限于篇幅，不能将全数成绩揭载出来，很是憾事。上面所列的成绩，是依题材的种类各选一篇，并非一定择优选录。这样的成绩原不能就说可以满足，不过学生作文的态度却可以认为已变了不少。我以为只要学生作文的态度能变就有方法可想。在这点上，却抱着无限的希望。

小品文性质实近于纯文学，叫中学生作纯文学的作品似乎太高，并且太虚空不合实用。关于这层，大家或者有所怀疑。我要声明，我的叫学生作小品文，完全是为救济学生的病起见，完全当作药用的。小品自身，原是价值可说，兹不具论，我所认定的，只是其对于作文练习上的价值，略举如下：

（甲）能多作。无论如何，多作总是学文的必要条件之一。现在校每月二次或三次的文课实嫌太少。小品文内容自由，材料随处可得，推敲布局，都比长文容易，便于多作。

（乙）能养成观察力。小品文字数不多，当然不能记载大事，用不敷泛的笔法。非注意到眼前事物的小部分不可，这结果就可使观察力细密而且锐敏。有了细密的观察力，作文必容易好。

（丙）能使文字简洁。现在学生作文最普通的毛病是浮蔓不切，或不应说的说，或应说的反不说，因为他们还没有取舍选择的能力的缘故。小品文非用扼要的手腕不可，断用不着悠缓的笔法。多作小品文，对于材料自然会熟于取舍选择起来，以后作文自不致泛而不当了。

（丁）能养成作文的兴趣。我国从前作教师的往往以国家大事或圣贤道德等为题叫学生作文，学生对于题材没有充分的知识，当然只好说些泛而不切的套语来敷衍了事（这恐怕不但从前如此，现在的教育也还是依然如故的）。结果学生没有好成绩，而对于作文的兴趣，也因以萎滞了。小品文是以日常生活为材料的，题材容易捕捉，作了不佳，也容易改作，普通的学生也可偶然得很好的成绩。既有过好成绩，作者自身就会感到兴趣，喜于从事文字起来。

（戊）可以作长篇的准备。画家作画，先从小部分起。非能完全画一木一石的，决不能作全幅的风景；非能完全写一手一足的，决不能画整个的人物。我们与其教学生作空泛无内容的长文，实不如教学生多作内容充实的短文。

这几种是我教学生作小品文的重要的理由。总之，我觉得现在学生界作文能力薄弱极了。薄弱的原因，一般都以为是头脑饥荒的缘故，主张用选文去供给他们材料，或叫他们去涉览书籍。但我以为学生学国文的态度如果不改，只从国文去学国文，只将国文当国文学，一切改良计划都收不到什么效果，弄得不好，还要有害的！现在学生作文力的薄弱，并非由于头脑饥荒，实由于不能吟味咀嚼题材，就是所患的是一种不消化的病症。如果对于患不消化病的人，用过量的食物去治疗，肠胃将愈不清爽，结果或至于无法可治。患不消化症的大概将食物照原形排泄出来。试看！现在学生所作出来的文字，不多就是选文或什么书报上文字的原形吗？

我们不要对于消化不良的学生奖励多食了！作文的材料到处

皆是，所苦者只是学生没有消化的能力。我们为要使消化不良的有消化力，非叫他们咀嚼少量的食物不可，叫学生作小品文就是叫学生咀嚼玩味自己实生活的断片。

教学生写小品文，是我近来在国文教授上的一种尝试，原不敢自诩成功，却以为或有可供大家参考的价值，所以特地把意见及经过一切写了出来。

原题《作文教授上的一个尝试》

此处所用为副题（1923年写）

读书与冥想

如果说山是宗教的，那么湖可以说是艺术的、神秘的，海可以说是革命的了。

梅戴林克的作品近于湖，易卜生的作品近于海。

湖大概在山间，有一定数目的鳞介做它的住民，深度性状也不比海的容易不一定。幽邃寂寥，易使人起神秘的妖魔的联想。古来神妖的传说多与湖有关系：《楚辞》中洞庭的湘君，是比较古的神话材料。西湖的白蛇，是妇孺皆知的民众传说。此外如巢湖的神姥（刘后村《诗话》：姜白石有《平调满江红》词，自序云："《满江红》旧词用仄韵，多不协律……予欲以平韵为之，久不能成。因泛巢湖…祝曰：'得一夕风，当以《平韵满江红》为迎送神曲。'言讫，风与笔俱驶，顷刻而成"）、芙蓉湖的赤鲤（《南徐州记》："子英于芙蓉湖捕得一赤鲤，养之一年生两翅。鱼云：'我来迎汝。'子英骑之，即乘风雨腾而上天，每经数载，来归见妻子，鱼复来迎"）、小湖的鱼（《水经注》："谷水出吴小湖，径由卷县故城下。《神异传》曰：'由卷县，秦时长水县也。'始皇时县有童谣曰：'城门当有血，城陷没为湖。'有老妪闻之忧俱，且往窥城门，门侍欲缚之，妪言其故。后，门侍杀犬以血涂门。妪又在，见血走去，不敢顾。忽又大水长欲没县，主簿令干入白令。令见干曰：'何忽作鱼？'干又曰：'明府亦作鱼。'遂乃沦为谷矣"）、白马湖的白马（《水经注》："白马潭深无底。传云：创湖之始，边塘屡崩，百姓以白马祭之，因以名水。"又，《上虞县志》：晋县令周鹏举治上虞有声，相传乘白马入湖仙去）等都是适当的例证。湖以外的地像，如山、江、海等，虽也各有关联的传说，但恐没有像湖的传说来得神秘的和妖魔的了，可以说湖是地象中有魔性的东西。

将自己的东西给与别人，还是容易的事，要将不是自己的东西当作自己的所有来享乐，却是一件大大的难事。"虽他乡之洵美兮，非吾土之可怀"，就是这心情的流露。每游公园名胜等公共地方的时候，每逢借用公共图书的时候，我就起同样的心情，觉得公物虽好，不及私有的能使我完全享乐，心地的窄隘，真真愧杀。这种窄隘的心情，完全是私有财产制度养成的。私有财产制度一面使人能占有所有，一面却使人把所有的范围减小，使拥有万象的人生变为可怜的穷措大了。

熟于办这事的曰老手、曰熟手，杀人犯曰凶手，运动员曰选手，精于棋或医的人曰国手，相助理事曰帮手，供差遣者曰人手，对于这事负责任的曰经手，处理船务的曰水手……手在人类社会的功用真不小啊。

人类的进化可以说全然是手的恩赐，一切机械就是手的延长。动物虽有四足，因为无手的缘故，进步遂不及人类。

近来时常做梦，有儿时的梦，有遇难的梦，有遇亡人的梦。

一般皆认梦为虚幻，其实由某种意义看，梦确是人生的一部分，并且有时比现实生活还要真实，白日的秘密，往往在梦呓中如实暴露。

在悠然度日的人们，突然遇着死亡疾病灾祸等人世的实相的时候，也都惊异地说："这不是梦吗？""好比做了一场梦！"

梦是个人行为和社会状况的反光镜。正直者不会有窃物的梦，理想社会的人们不会有遇盗劫受兵灾的梦。

高山不如平地大。平的东西都有大的涵义。或者可以竟说平的就是大的。

人生不单因了少数的英雄圣贤而表现，实因了芸芸平凡的民众而表现的。啊，平凡的伟大啊。

莎翁戏曲中的男性几乎没有一个完全的人。《阿赛洛》中的阿赛洛，《叙利·西柴》中的西柴等，都是有缺点的英雄；《哈姆列脱》中的哈姆列脱，是空想的神经质的人物，《洛弥阿与叙列叶》中的洛弥阿是性急的少年。

但是，他的作品中的女性几乎没有一个不是聪明贤淑，完全无疵的人。《利亚王》中的可莱利亚，《阿赛洛》中的代斯代马那，《威尼斯商人》中的朴尔谢等，都是女性的最高的典型（据拉斯京的《女王的花园》）。

莎翁将人世悲哀的原因归诸人性的缺陷，这性格的缺陷又偏单使男性负担。在莎翁剧中，悲剧是由男性发生，女性则常居于救济者或牺牲者的地位。

教师对于学生所应取的手段，只有教育与教训二种：教育是积极的辅助，教训是消极的防制。这两种作用，普通皆依了教师的口舌而行。要想用口舌去改造学生，感化学生，原是一件太不自量的事，特别地在教训一方面，效率尤小。可是教师除了这笨拙的口舌，已没有别的具体的工具了。不用说，理想的教师应当把真心装到口舌中去，但无论口舌中有否笼着真心，口舌总不过是口舌，这里面有着教师的悲哀。

能知道事物的真价的，是画家、文人、诗人。凡是艺术，不以表示了事物的形象就算满足，还要捕捉潜藏在事物背面或里面的生命。近代艺术的所以渐渐带着象征的倾向，就是为此。

生物学者虽知把物分为生物与无生物，其实世间的一切都是活着的。泥土也是活的，水也是活的，灯火也是活的，花瓶也是活的，都有着力，都有着生命。不过这力和生命，在昏于心眼的人却是无从看见，无从理会。

学画兰花只要像个兰花，学画山水只要像个山水，是容易的，可是要他再好，是不容易的了。写字但求写得方正像个字，是容易的，可是要他再好是不容易的了。

真要字画文章好，非读书及好好地做人不可，不是仅从字画文章上学得好的。那么，有好学问或好人格的人都可以成书画家文章家了吗？那却不然，因为书画文章在某种意义上是艺术的缘故。

刊《春晖》第三期、第十二期

1922年12月1日、1923年5月1日

小说的开端

小说的开端，是作家所最苦心的处所，凡是名作家，无有不于开端的文字加以惨淡经营的。

在日本的作家中，我近来所耽读的是岛崎藤村氏的作品。岛崎氏在文章上的造诣，实堪惊叹，他的开端的文字，尤为我所佩服，随举数例如：

莲华寺是兼营着寄宿舍的。

《破戒》的开端

桥本的家的厨房里，正在忙着做午饭。

《家》的开端

拿到钟表店里去修的八角形的挂钟，又在室内柱间，依旧发出走声来了。

《出发》的开端

什么说明都不加，开端就把阅者引入事情的深处，较之于凡手的最先叙景，或介绍主人公的来历等的作法，实在高明得多。

藤村是个自然主义作家，这种笔法，原也就是一般自然主义文学的格调，并不足异。但在藤村却似别有所自。藤村在其感想集《待着春》中，有一节就是说着这小说开端的文字的。

片上伸君的近著里有一卷《托尔斯泰传》。其中有托尔斯泰家人共读普希金的小说的一节。

"恰好托尔斯泰进来了，偶然拿起书来一看，翻开着的恰是普希金的某散文的断片，开端写着：'客人群集到村庄来了。'托尔斯泰见了说：'开端要这样才好，普希金才是我们的教师，开始就把读者诱入事件的中心趣味。如果是别个作者，也许会先细写一个一个的客人，可是普希金却单刀直入地进入事件的中心了。'这时在旁有一个人说：'那么请你也像这样写了试试如何？'托尔斯泰立刻走进自己的书斋里，把《安那卡莱尼那》的开端写好了。这书初稿的开端是："阿勃隆斯希氏的家里，什么都骚乱了。'到了后来，才像现在的样子，上面又加了'凡幸福的家庭彼此相似，不幸的家庭，皆各别地不幸'一行的前置。"

读了这，托尔斯泰所求的东西大概可窥见了吧。又可知道这并不是偶然的事了吧。爱托尔斯泰的不应只爱读他的著作，还应求他所求的东西。

"普希金才是我们的教师。"觉得这是托尔斯泰风的良言。

看了这段记载，可恍然于藤村文章上的见解。他的作风的所以如此，实非无故。对于托尔斯泰，虽如此共鸣，总不肯在文章上加主观的解释，这就是藤村的所以为 reaist 的地方吧。

《文艺随笔》之一刊《一般》第四卷第一期

1928年1月

灶君与财神

"呀！你不是灶君吗？"

"对了。好面善！你是哪一位尊神？"

"我是财神哪！你怎么不认识我了？"

"呀！难得在半天云里相会。你一向是手执元宝的，现在怎么背起枪来了？那手里拿着的一大卷又是什么？"

"因为武财神近日忙于军事，所以由我暂时兼代。你知道我们工作上虽分文武，职务都是掌司钱财，原是一而二，二而一的。于是我就成了'有枪阶级'了。手执元宝那是一直从前的事，近来我老是手执钞票和公债证券。你从下界来，难道还不知道废两改元实行已久，市上早无元宝，银行钞票的准备金大多数就是公债证券吗？"

"哦！原来如此。因为我终日终年在人家厨房里过活，不大明白财界的情形。如果你不说明，我几乎不认识你了。"

"你的样子也与前大不相同了哩！怎么这样瘦了？你日日在厨房里受人供养，难道还会营养不良吗？"

"我一向就不像你的大腹便便，近来真倒霉，自己也知道更瘦得可怜了。连年天灾人祸，农村破产已到极度。人民有了早饭没有夜饭，结果都向都市跑，去过那亭子间及阁楼的日子。这真叫'倒灶'！灶是简直没有了，眠床便桶旁摆一个洋油炉或者煤球炉，就算是烹调的场所。有的连洋油炉煤球炉都不备，日日咬大饼油条过活。你想，这情形多难堪！回想从前乡村隆盛时的景象，真令人不胜今昔之感。我的瘦是应该的。可是也幸而瘦，如果胖得像你一样，怎么能局促地蹲在洋油炉煤球炉旁去行使职务啊！"

"你的境遇说来很足同情。也曾把下界的苦况向天堂去告诉过了吗？"

"怎么不告诉！每年的今日，我都有一次定期的总报告。你看，我现在正背着一大包册子，这里面全是下界的实况。可是，天堂的情近来也似乎有些异样了，什么都作不来主。我虽然每年忠实地把民间疾苦人心善恶报告上去，天堂总是马马虎虎，推三阻四地打官话。有时说：'这是洋鬼子在作怪，须行文去和耶稣交涉。'有时说：'交财神核办。'耶稣那里的回音如何，不知道。交你核办的案子结果怎么样？今天恰好碰着你，就乘便请问。"

"也曾有案子移下来过。因为我实在无法办，至今还是搁着不动。记得有一次交下一个'善人是富'的指令，还附着一大批善人的名单——据说是以你的报告为根据的——要我负责使他们富起来。这实在令我束手，这种老口号和现在的实际情形根本已不相符合，天堂自身都穷，有什么钱可送给这许多善人？这许多善人们自己又不会谋官做，不会干公债投机买航空奖券，叫我有什么方法帮助他们呢？"

"去年今日，我还上过一个提高谷价的提案。天堂没有发给你吗？"

"记得似乎有过这么一回事，详细记不清楚了。这也不关我事。我从前管领的是元宝，现在管领的是钞票和公债证券。目前是金融资本跋扈的时代，田地不值钱，货物不值钱，下界最享福的就是那些金融资本家。金融资本是流动的，今天在甲的手里，明天就可流入乙的手里。这笔流水账已把我忙煞了，像谷物价目一类的事怎么还能兼顾？况且这事难得讨好，谷价贱了固然大家叫苦，从前米卖二十块针一石的那几年，不是大家也曾叫过苦吗？"

"近来农村里差不多份份人家都快倒灶了。你没有救济的方法吗？提高谷价的路既然走不通，那么借外债来恢复农村，如何？"

"我何尝不这么想！也曾和地狱里商量过，可是不行。"

"为什么要和地狱商量呢？地狱里拿得出钱吗？"

"耶稣曾说过，'富人入天国，比骆驼穿针孔还难'，富人照例不能进天堂的，都住在地狱里，所以地狱成了天下最富的地方。我曾和地狱当局者作过好几次谈判，终于因为他们的条件太苛刻了，事情没有成功。当此盛唱'打倒不平等条约'的当儿，谁愿接受那种屈辱的条件啊！"

"复兴农村的口号近来不是唱得很响吗？你有机会也得常到农村里去看看实际的状况，看有什么具体的救济策没有？"

"近来，我在都市里执行职务的时候多，不大到农村里去。农村衰疲的消息虽曾听到，终于没有工夫去考察。其实，倒灶的何尝只是农村，都市里也大大不景气哩！你知道，我是管领钱财的，农村愈破坏，钱财愈集中到都市来，我在都市的事也就更多。公债涨停板或跌停板了，我要到。航空奖券开奖了，我要到。哪里还顾得到农村里去？你是每年板定今天上来的，我下去的日子，每年向来是正月初五，可是近来时常要作不定期的奔波。这次的下去，就因为有许多临时的事务的缘故。"

"正月初五仍须再下去吧？"

"也许事务多，一直要在下界住到那时候。如果事务完毕了就上来，初五下去不下去，只好再看。现在什么都是双包案似的弄不清楚，连正月初五也有两个了，多麻烦。下界人们真该死，他们还在一厢情愿，把肉咧，鱼咧，蚶子咧，橄榄咧，唤作元宝，要想用了这些假元宝来骗我手里的真元宝呢。——其实我的手里早已没有元宝了，哈哈。"

"他们的待你，比待我不知要好几倍。我愈弄愈倒灶，你是现代的红角儿。这世界是你的。多威风啊！"

"哪里的话，我目前已苦于无法应付，并且前途大可悲观哩。下界嫌我处置得不均，正盛唱着什么'社会主义'。听说这种主义，世间已有一处地方在实行了。如果这种主义一旦在我们的下界实现起来，我的地位就将根本摇动，你是管领民食的，前途倒比我安全得多。无论在什么世界，饭总是非吃不可的罗！"

　　"未来的事，何必过虑！咿哟！我到天堂还有一半路程，误了不好。再会吧。"

　　"我也有事呢！今日下午公债跌得停板了，明日又是航空奖券开奖之期啊。再会。"

刊《文学》第二卷第一号

1934年1月

春的欢悦与感伤

四季之中，向推"春秋多佳日"，而春尤为人所礼赞。自古就有许多颂扬春的话，春未到先要迎盼，春一去不免依恋。春继冬而至，使人从严寒转入温暖，且为万物萌动的季节。在原始时代，人类的活动与食物都从春开始获得，男女配偶也都在春完成。就自然状态说，春确是值得欢迎的。

可是自然与人事并不一定调和，自古文辞中于"惜春""迎春"等类题材以外，还有"伤春""春怨"等类的题目。"闺中少妇不知愁，春日凝妆上翠楼。忽见陌阳杨柳色，悔教夫婿觅封侯。"这是唐人王昌龄的诗；"三分春色二分愁，更一分风雨。"这是宋人叶清臣的词：都是写春的感伤的。其感伤的原因，全在人事之不如意。社会愈复杂，人事上的不如意越多，结果对于季节的欢悦的事情减少，感伤的事情加多。这情形正像贫家小孩盼新年快到，而做父母的因债务关系想到过年就害怕。

　　我每年也曾无意识地以传统的情怀，从冬天盼望春光早些来到。可是真从春天得到春的欢悦的，有生以来，除未经世故的儿时外，可以说并没有几次。譬如说吧，此刻正是三月十三日的夜半，真是所谓春宵了，我却不曾感到春宵的欢喜。一家之中轮番地患着春季特有的流行性感冒，我在灯下执笔写字，差不多每隔一二分钟要听到妻女们的呻吟和干咳一次。邻家收音机和麻雀牌的喧扰声阵阵地刺入我的耳朵，尤使我头痛。至于日来受到事务上经济上的烦闷，且不去说它。

　　都市中没有"燕子"，也没有"垂杨"。局促在都市中的人，是难得见到春日的景物的。前几天吃到油菜心和马兰头的时候，我不禁起了怀乡之念，想起故乡的春日的光景来。我所想的只是故乡的自然界，园中菜花已发黄金色了吧，燕子已回来了吧，窗前的老梅花已结子如豆了吧，杜鹃已红遍了屋后的山上了吧……只想着这些，怕去想到人事。因为乡村的凋敝我是知道的，故乡人们的困苦情形我知道得更详细。

　　宋人张演《社日村居》诗云："鹅湖山下稻粱肥，豚栅鸡栖对掩扉。桑柘影斜春社散，家家扶得醉人归。"这首诗中所写的只是乡村春景的一角，原没有什么大不了的，可是和现在的乡间情形比较起来，已好像是羲皇以前的事了。

　　春到人间，据日历上所记已好久了，但是春在哪里呢？有人说"在柳梢头"，又有人说"在油菜花间"，也许是的吧，至于我们一般人的身上，是不大有人能找得到的。

刊《中学生》第四十四号

1934年4月

我的畏友弘一和尚

弘一和尚是我的畏友。他出家前和我相交近十年，他的一言一行，随在都给我以启诱。出家后对我督教期望尤殷，屡次来信都劝我勿自放逸，归心向善。

佛学于我向有兴味，可是信仰的根基迄今远没有建筑成就。平日对于说理的经典，有时感到融会贯通之乐，至于实行修持，未能一一遵行。例如说，我也相信惟心净土，可是对于西方的种种客观的庄严尚未能深信。我也相信因果报应是有的，但对于修道者所宣传的隔世的奇异的果报，还认为近于迷信。关于这事，在和尚初出家的时候，曾和他经过一番讨论。和尚说我执着于"理"，忽略了"事"的一方面，为我说过"事理不二"的法门。我依了他的谆嘱读了好几部经论，仍是格格难入。从此以后，和尚行脚无定，我不敢向他谈及我的心境。他也不来苦相追究，只在他给我的通信上时常见到"衰老浸至，宜及时努力"珍重等泛劝的话而已。

自从白马湖有了晚晴山房以后，和尚曾来小住过几次，多年来阔列的旧友复得聚晤的机会。和尚的心境已达到了什么地步，我当然不知道，我的心境却仍是十年前的老样子，牢牢地在故步中封止着。和尚住在山房的时候，我虽曾虔诚地尽护法之劳，送素菜，送饭，对于佛法本身却从未说到。

有一次，和尚将离开山房到温州去了，记得是秋季，天气很好，我邀他乘小舟一览白马湖风景。在船中大家闲谈，话题忽然触到藕益大师。藕益名智旭，是和莲池、紫柏、憨山同被称为明代四大师的。和尚于当代僧人则推崇印光，于前代则佩仰智旭，一时曾颜其住室曰旭光室。我对于藕益，也曾读过他不少的著作。据灵峰宗论上所附的传记，他二十岁以前原是一个竭力谤佛的儒者，后来发心重注《论语》，到《颜渊问仁》一章，不能下笔，于是就出家为僧了。在传下来的书目中，他做和尚以后曾有一部著作叫《四书藕益解》的，我搜求了多年，终于没有见到。这回和和尚谈来谈去，终于说到了这部书上面。

"《四书藕益解》前几个月已出版了。有人送我一部，我也曾快读过一次。"和尚说。

"蕅益的出家，据说就为了注'四书'，他注到《颜渊问仁》一章据说不能下笔，这才出家的，《四书蕅益解》里对《颜渊问仁》章不知注着什么话呢？倒要想看看。"我好奇地问。

"我曾翻过一翻，似乎还记得个大概。"

"大意怎样？"我急问。

"你近来怎样，还是惟心净土吗？"和尚笑问。

"……"我不敢说什么，只是点头。

"《颜渊问仁》一章，可分两截看。孔子对颜渊说'克已复礼'。只要'克已复礼'本来具有的，不必外求为仁。这是说'仁'就够了，和你所见到的惟心净土说一样。但是颜渊还要'请问其目'，孔子告诉他'非礼勿视，非礼勿听，非礼勿言，非礼勿动'，这是实行的项目。'克已复礼'是理，'非礼勿视'等等是事。所以颜回下面有'请事斯语矣'的话。理是可以顿悟的，事非脚踏实地去做不行。理和事相应，才是真实功夫，事理本来是不二的。——蕅益注《颜渊问仁》章大概如此吧，我恍惚记得是如此。"和尚含笑滔滔地说。

"啊，原来如此。既然书已出版了，我想去买来看看。"

"不必，我此次到温州去，就把我那部寄给你吧。"

　　和尚离白马湖不到一星期，就把《四书蕅益解》寄来了，书面上仍用端楷写着"寄赠丏尊居士""弘一"的款识。我急去翻《颜渊问仁》一章。不看犹可，看了不禁呀地自叫起来。

　　原来蕅益在那章书里只在"回虽不敏，请事斯语矣"下面注着"僧再拜"三个字，其余只录白文，并没有说什么，出家前不能下笔的地方，出家后也似乎还是不能下笔。所谓"事理不二"等等的说法，全是和尚针对了我的病根临时为我编的讲义！

　　和尚对我的劝诱在我是终身不忘的，尤其不能忘怀的是这一段故事。这事离现在已六七年了，至今还深深地记忆着，偶然念到，感着说不出的怅惘。

刊《越风》第九期

1936年3月3日

春晖的使命

啊！春晖啊！今日又是你的诞辰了！你堕地不过一年零几个月，若照人的成长比拟起来，正是才能匍匐学步的时期，你现在正跨着你的第一步，此后行万里路，都由这一步起始。你第一步的走相，只要不是厌嫉你的人们，都说还不错。但是第一步总究是第一步，怯弱的难免，即在爱你的人，也是不能讳言的。

怯弱倒不要紧，方向却错不得！你须知道，你有你从生带来的使命！你的能否履行你的使命，就是你的运命决定的所在。你的运命，要你自己创造！

你的使命，是你随生带来的，自己总应明瞭。我们为催促你和为你向大众布告起见，特于今日大声呼说，一面也当作对于你的祝福，但愿你将来是这样：

你是生在乡间的，乡村运动，不是你本地风光的责任吗？

别的且不讲，你可晓得你附近有多少不识字的乡民？你须省下别的用途，设法经营国民小学、半日学校等机关，至少先使闻得你钟声的地方，没一个不识字的人，才是真的。至于你现在着手的农民夜校，比起来那只可说是你的小玩意儿，算不得什么的。

你是一个私立的，不比官立的凡事多窒碍。当现在首都及别省官立学校穷得关门，本省官立中等学校有的为了争竞位置、风潮叠起、丑秽得不可向迩的时候，竖了真正的旗帜，掀起纯正的教育，不是你所应该做的事吗？

你生也晚，正当学制改革之时。在新制之下，单纯的初级中学，办理上很是困难的。你现在第一步虽只办初级中学，但总须设法加办高级中学，酌量地方情形，加设文科、理科及农科、师范科等类的职业科。这条血路，你不是应该拼了命杀出的吗？

你已男女同学了，这是本省中等学校的第一声，也是你冒了社会的忌讳敢行的一件好事。你应如何好好地保持这纤弱的萌芽，使它发达？又，现在女子教育，事实上比男子教育待改良研究的地方更多。你在开始的时候，应如何改变方向，求于女子教育有所贡献？

你生在山重水复的白马湖，你的环境，每引起人们的羡慕。但这种环境，一不小心，就会影响你的精神，使你一方面有清洁幽美的长处，一方面染蒙滞昏懒的坏习的！你不应该常自顾着，使没有这种毛病的吗？

你无门无墙，组织是同志集合的。你要做的事情既那样多而且杂，同志集合，实是最要紧的条件。你不该从此多方接引同志，使你的同志结合在质上更纯粹，在量上更丰富吗？于现在有少数的校董、教员外，再组织维持员等类的事，你不应该开了"无门的门"，尽力地做吗？

你的财产原不能算多，但也算不得没有。你不多不少的财产，也许反容易使你进退维谷。但你须知道，真正的教育事业，根本是靠你同志们的辛苦艰难的牺牲精神，光靠你的财产是没有什么用的。世间没有一个钱的基金，以精神结合遂能在教育上飞跃的学校多着；有了好好的基础，而因精神涣散、奄奄无生气的学校也多着哩！以精神的能力，打破物质上的困难，并非一定是不可能的事，而在你更是非做到这地步不可的。你该怎样地用了坚诚的信念，设法培养这精神，使你自己在这精神之下，发荣滋长？

　　春晖啊！你于别的学校所有的一切使命外，同时还有着这许多特有的使命。这于你或许要感受若干特有的困难，但决不是你的不幸。前途很远！此去珍重！啊，啊，春晖啊！

1923年12月2日

读诗偶感

数年前，经朱佩弦君的介绍，求到了黄晦闻（节）氏的字幅。黄氏是当代的诗家，我求他写字的目的，在想请他写些旧作，不料他所写的却不是自己的诗，是黄山谷的《戏赠米元章》二首。那诗如下：

万里风帆水着天，麝煤鼠尾过年年。

沧江静夜虹贯月，定是米家书画船。

我有元晖古印章，印刓不忍与诸郎。

虎儿笔力能扛鼎，教字元晖继阿章。

字是写得很苍劲古朴的，把它装裱好了挂在客堂间里，无事的时候，一个人看着读着玩。字看看倒有味，诗句读读却感到无

218

意味，不久就厌倦了，把它收藏起来，换上别的画幅。

近来，听说黄氏逝世了，偶然念及，再把那张字幅拿出来挂上，重新看着读着玩。黄氏的字仍是有味的，而山谷的诗句仍感到无意味。于是我就去追求这诗对我无意味的原因。第一步，把平日读过的诗来背诵，发见我所记得的诗里面，有许多也是对我意味很少或竟是无意味的；再去把唐宋人的集子来随便翻，觉得对我无意味的东西竟着实不少。

文艺作品的有意味与无意味，理由当然不很简单，说法也许可以各人不同吧。我现在所觉到的只是一点，就是对我的生活可以发生交涉的，有意味，否则就无意味。让我随便举出一首认为有意味的诗来，如李白的《静夜思》：

床前明月光，疑是地上霜。
举头望明月，低头思故乡。

这首诗从小就记熟，觉得有意味，至今年纪大了，仍觉得有意味。第一，这里面没有用着一定的人名，任何人都可以做这首诗的主人公。"疑"，谁"疑"呢？你疑也好，我疑也好，他疑也好。"举头""望""低头""思"，这些动作，任凭张三李四来做都可以。诗句虽是千年以前的李白做的，至今任何人在类似的情景之下，都可以当作自己的创作来念。心中所感到的滋味，和作者李白当时所感到的可以差不多。第二，这里面用不着说煞的含蓄说法，只说"思故乡"，不加"恋念""悲哀"等等的限定语。为父母而思故乡也好，为恋人而思故乡也好，为战乱而思故乡也好，什么都可以。犹之数学中的X，任凭你代入什么数字去都适用。如果前人的文学作品可以当遗产的话，这类的作品的确可以叫作遗产的了。

再回头来读山谷的那两首诗：第一首是写米元章的船中书画生活的。米元章工书画，当时做着名叫"发运司"的官，长期在江淮间船上过活，船里带着许多书画，自称"米家书画船"。第二首是说要将自己所郑重珍藏的晋人谢元晖的印章赠与米元章的儿子虎儿（名友仁），说虎儿笔力好，可取字"元降"，使用这印章，继承父业。这两首诗在山谷自己不消说是有意味的，因为发挥着对于友人的情感。在米元章父子也当然有意味，因为这诗为他们而作。但是对千年以后的我们发生什么交涉呢？我们不住在船中，又不会书画，也没有古印章，也没有"笔力能扛鼎"

的儿子，所以读来读去，除了记得一件文人的故事和诗的平仄音节以外，毫不觉得有什么了。如果用遗产来作譬喻，李白《静夜思》是一张不记名的支票，谁拿到了都可支取使用，籴米买菜；山谷的《戏赠米元章二首》是一张记名的划线支票，非凭记着的那人不能支取，而这记着的那人却早已死去了。于是这张支票捏在我们手里，只好眼睛对它看看而已。

山谷的集子里当然也有对我们有意味的诗，李白的集子里也有对我们无意味的诗，上面所说的，只是我个人现在的选择见解。依据这见解把从来汗牛充栋的诗集文集词集来检验估价，被淘汰的东西将不知有若干；以前各种各样的选本，也不知该怎样翻案才好。这对于古人也许是一种忤逆，但为大众计，是应该的。我们对于前人留下来的文艺作品，要主张有读的权利，同时要主张有不读的自由。

刊《中学生》第五十五号

1935年5月

附　录

作文的基本的态度

我曾看了不少关于文章作法的书籍，觉得普通的文章，其好坏大部分和态度问题有关；只要能了解文章的态度，文章就自然会好，至少可以不致十分不好。古今能文的人，他们对于文章法诀各有各的说法，一个说这样，一个说那样，但是千言万语，都不外乎以读者为对象，务使读者不觉苦痛厌倦而得趣味快乐。所谓要有秩序，要明畅，要有力等等，无非都是想适应读者的心情。因为离了读者，就可不必有文章的。

要使文章能适合读者的心情，技巧的研究原是必要，态度的注意却比技巧更加要紧。技巧属于积极的修辞，大部分有赖于天分和学力；态度是修辞的消极的方面，全是情理范围中的事，人人可以学得的。要学文章，我以为初步先须认定作文的态度。作文的态度就是文章的ABC。

初中的学生，有的文字已过得去，有的还不大好。现在作文用语体，只要学过了语法的，语句上的毛病当然不大会有；而平日文题又很有自由选择的余地，何以还有许多的毛病呢？我以为毛病都是由态度不对来的。态度不对，无论加了什么修饰或技巧，文字也不能像样，反觉讨厌。好像五官不正的人擦上了许多脂粉似的。

文章的态度可以分六种来说。我们执笔为文的时候，可以发生六个问题：

（1）为什么要作这文？

（2）在这文中所要述的是什么？

（3）谁在作这文？

（4）在什么地方作这文？

（5）在什么时候作这文？

（6）怎样作这文？

用英语来说，就是Why、What、Who、Where、When、How六字可以称为"六W"。现在试逐条说述。

（1）为什么要作这文？这就是所以要作这文的目的。例如，这文是作了给人看的呢，还是自己记着备忘的？是作了劝化人的呢，还是但想使人了解自己的意见，或是和人辩论的？是但求实用的呢，还是想使人见了快乐、感得趣味的？是试验的答案呢，还是普通的论文？诸如此类，目的可各式各样，因了目的如何，作法当然不能一律。普通论文中很细密的文字，当作试验答案就冗琐讨厌了。见了使人感得趣味快乐的美文，用之于实用就觉得不便了。周子的《爱莲说》，拿到植物学中去当关于说明"莲"的一节，学生就要莫名其妙了。所取的题目虽同，文字依目的而异，认定了目的，依了目的下笔，才能大体不误。

（2）在这文中所要述的是什么？这是普通所谓题义，就是文章的中心思想。作文能把持中心思想，自然不会有题外之文。例如在主张男女同学的文字中，断用不着"乾道成男，坤道成女""男子三十而娶，女子二十而嫁"等类的废话。在记述风灾的文字，断不许有飓风生起的原因的科学的解释。我在某中学时，有一次入学试验，我出了一个作文题《元旦》，有一个受试者开端说"元旦就是正月一日，人民于此日大家休息游玩……"等类的话，中间略述社会欢乐情形，结束又说"……不知国已将亡；……凡我血气青年快从今日元旦觉悟……"等，这是全然忘了题义的例。

（3）谁在作这文？这是作者的地位问题，也就是作者与读者的关系问题，再换句话说，就是要问以何种资格向人说话。例如：现在大家同在一个学校里，假定这学校还没有高级中学，而大家都希望添办起来，将此希望的意思，大家作一篇文字，教师的文字与学生的文字，是应该不同的。校长如果也作一篇文字，与教师、学生的亦不相同。一般社会上的人，如果也提出文字来，更加各各不同。要点原是一致，而说话的态度、方法等等，却都不能不异的。同样，子对于父和父对于子不同，对一般人和对朋友不同，同是朋友之中，对新交又和对旧交不同。记得有一个笑话，有一学生写给他父亲的信中说："我钱已用完，你快给我寄十元来，勿误。"父亲见信大怒，这就是误认了地位的毛病了。

（4）在什么地方作这文？作这文的所在地也有认清的必要，或在乡村，或在都会，或在集会（如演说），或在外国，因了地方不同，态度也自须有异。例如在集会中，应采眼前人人皆知的材料；在乡村应采乡村现成的事项；在国外，用外国语；在国内，应用本国语（除必不得已须用外国原语者外）。"我们的father""你的wife"之类，是怪难看难听的。

（5）在什么时候作这文？这是自己的时代观念，须得认清的。作这文在前清，还是在民国成立以后？这虽是大家都知道的事，但实际上还有人没了解。现在叹气早已用"唉"音了，有许多人还一定要用"呜呼""嗟乎"；明明是总统，偏叫作"元首"；明明是督军，却自称"疆吏"；往年黎元洪的电报甚至于使人不懂，这不是时代错误是什么？

（6）怎样作这文？上面的五种态度都认清了，然后再想作文的方法。用普通文体呢，还是用诗歌体？简单好呢，还是详细好？直说呢，还是婉说？开端怎样说？结末怎样说？先说大旨，后说理由呢，还是先说事实，后加断定？怎样才能使我的本旨显明？怎样才能免掉别人的反驳？关于此种等等，都须自己打算研究。

以上六种，我以为是作文时所必须认清的态度，虽然很平凡，却必须知道，把它连接起来，就只是下面的一句话：谁对了谁，为了什么，在什么地方，什么时候，用什么方法，说什么话。

如果所作的文字依照这里面的各项检查起来，都没有毛病可指，那就是好文字，至少不会成坏文字了。不但文字如此，语言也是这样。作文说话时只要能够留心这"六W"，在语言文字上就可无大过了。

论记叙文中作者的地位并评现今小说界的文字

　　普通文字的体裁，一般分为议论、说明、记事、叙事四种。这分类虽由于文字的表面的性质，其实内部还含有作者的态度上的不同。就是作者自己在文中现出不现出的问题。在议论文中，所列的完全是作者对于某事物的判断，作者完全现出在文里；说明文，是以作者的见解来解释某事物的，作者也现出在文中，不过程度较差罢了。至于记事文与叙事文，乃如实记述事物的文字，态度纯属客观，作者在文字上无现出的必要，并且现出了反足以破坏本文的调子。因为记叙文的使命，不在议论某事物的好坏，解释某事物的情形理由，乃在将作者对于某事物的经验如实传给读者，使读者从文字上也得同样的印象。这时候作者所处的只是个媒介的地位。媒介虽有拉扰男女之功，然在已被拉拢的男女之间，却是大大的障碍物，非赶快躲避一旁不可的。

　　在这里，恐怕有人要问："那么作者在记叙文中不能发挥自己的人格个性了吗？"我的回答很是简单，就是作者得因了文字暗示他的人格个性，而在文字的形式上，决不许露出自己的面目来。"郑伯克段于鄢"，孔子虽在"克"字上表示许多深意，然在文字的形式上，除记叙以外却不占着地位。荷马的人格个性虽可从《伊里约特》或《阿突西》等作品中想象仿佛，但从文字的形式上却没有羼入着自己的解释或议论。

除用了像上文所说的方法暗示作者的人格个性外，记叙文中实不容作者露出自己的面目；要露出自己的面目，非在本文以外另起炉灶不可。历史中的"太史公曰""赞曰"等语以下的文字完全是议论性质，和正文本纪列传中的文字异其态度了的。

记叙文在文字的形式上要看不出有作者在，方能令人读了如目见身历，得到纯粹的印象，一经作者逐处加入说明或议论，就可减杀读者的趣味。其情形正如恋爱男女喁喁情话着，媒介者突然露出面影来羼入障害一样。凡是好的记叙文，大都是在形式上看不出有作者的。

　　楚子登巢车以望晋军。子重使大宰伯州犁侍于王后。王曰："骋而左右，何也？"曰："召军吏也。""皆聚于中军矣！"

曰："合谋也。""张幕矣！"曰："虔卜于先君也。""彻幕矣！"曰："将发命也。""甚嚣且尘上矣！"曰："将塞井夷灶而为行也。""皆乘矣！左右执兵而下矣！"曰："听誓也。""战乎？"曰："未可知也。""乘而左右皆下矣！"曰："战祷也。"

这是《左传》中叙鄢陵之战的文字中的一节，可谓记叙文中典型的文字。其所以为典型的，就在作者不露面目，能使读者恍如直接耳闻楚子与伯州犁的对话。古来所谓好的记叙文中也有偶然于记叙中突然加入说明的，但真是很少，并且也只一二句，混入不多。例如《项羽本纪》中：

……项王即日因留沛公与饮，项王项伯东向坐，亚父南向坐。（亚父者范增也。）沛公北向坐，张良西向侍。……

章邯令王离涉间围距离，章邯军其南，筑甬道而输之粟，陈余为将，将卒数万人而军巨鹿之北。（此所谓河北之军也。）

又如《左传·宣四年传》：

初若敖娶于䢵，生斗伯比，若敖卒，从其母畜于䢵，淫于䢵子之女，生子文焉。䢵夫人使弃诸梦中，虎乳之、䢵子田，视之，惧而归，夫人以告，遂使收之。（楚人谓乳谷，谓虎于菟故命之曰斗谷于菟。）以其女妻伯比。实曰令尹子文。

上面括号内的句子，都与上下别的句子态度不同：别的是记叙，括号内的却是作者加入的说明了。我对于这种句子另有一个解释，以为不足为病。原来这种句子如果在现在都是夹注性质，应用括号或搭附标，列在本文以外，古人尚无这种便利的符号，所以混入正文罢了。试看，把上例括号中的句子括出之后，上下文仍是衔接的。

记叙文应以不露作者面目为正宗，从前流行的"夹叙夹议"究属滥调。我国从来文人叙述一悲哀的事实，末尾常有"呜呼悲矣"的附加语；描写一难得的人物，往往用"呜呼！可以风矣"煞脚。其实，这是作者对于读者的专制态度。作者的任务只要把是悲或可风的事实如实写出，传给读者就够，至于悲不悲，被风不被风，都属于读者的自由，不必用了谆谆教诲的态度来强迫的。

我喜读《孔雀东南飞》，但对于末尾的"多谢后世人，戒哉慎勿忘"二句，常感不快，以为总是缺陷，不如没有了好。因为作者在这二句中突然伸出头来了。同是描写兵祸的诗，我喜读杜甫的《石壕吏》，而不甚喜读白乐天的《新丰折臂翁》。因为前者纯系记叙性，后者的末尾一段："君不闻，开元宰相宋开府，不赏边功防黩武；又不闻，天宝宰相杨国忠，权求恩幸立边功；边功未立人生怨，请问新丰折臂翁。"完全是作者自己在那里说话，突然露出了面目的。《新丰折臂翁》是《新乐府》五十首之一，据白乐天自序，这五十首是"为君为臣为民为物为事而作，不为文而作"的。

不用说，记叙文中也有以作者自身为对象的。但这只限在文体"自序"或第一人称的小说的时候。这时作者完全与读者对面，作者就是文中的主人翁，一切都用了告语的态度写出。其情形与作者自己做了媒介传给外界某事物的光景于读者时，完全不同。用主观的态度或第一人称到底，可以，用客观的态度或第三人称到底，也可以。所可非议的只是明明是客观的态度或第三人称的文字，突然作者伸出头来，把主观的或第一人称的态度夹杂进去，使文字失其统一。

中国旧小说中，这种不统一之处很多。作者用了"可以戒矣""可以风矣"的态度含着劝惩主义的不必说，即在文字的形式上，作者时时出头。先就小说文字的腔调看，有下面种种的例可指：

"却说""正是""未知后事如何，且听下回分解。"

"前人有诗曰……"或"有诗为证。"

"说时迟，那时快。"

"闲言不表，且归正传。"

"也是合当有事。"

这类词句都是作者的口气，就是作者在文中时时现出了。以上还不过就常用的腔调说，正文中同样的缺陷也几乎随处皆有。试以《红楼梦》为例：

（第四回中既将薛家母子在荣府中寄居等事略已表明，此回则暂不能写矣，如今且说）林黛玉自在荣府，一来贾母万般怜爱，寝食起居一如宝玉……

（第五回）

……宝玉笑而不答，一径同秦钟上学去了。（原来这义学也离家不远，原系当日始祖所立，恐族中子弟有不能延师者，即入此中读书。凡族中为官者皆有帮助银两以为族中膏火之费，举年高有德之人为塾师。）如今秦宝二人来了，一一的都互相拜见，读起书来。……（原来这学中虽多是本族子弟与些亲戚家子侄，俗语说得好："一龙一种，种种各别。"未免人多了，就有龙蛇混杂下流人物在内。）自秦宝二人来了，都生得花朵儿一般模样……

（第九回）

……金荣只顾得意乱说，却不防还有别人，（谁知）早又触怒了一个人。（你道这人是谁？原来这人名唤贾蔷，亦系贾府中之正派玄孙……）

（同上）

再以《水浒》为例：

……十五人眼睁睁地看着那七个人都把金宝装了去，只是起不来，挣不动，说不得。（我且问你，这七人端的是谁？不是别人，原来正是晁盖、吴用、公孙胜、刘唐、三阮这七个，恰才那个挑酒的汉子，便是白日鼠白胜。却怎样地用药？原来挑酒上冈子时，两桶都是好酒。七个人先吃了一桶，刘唐揭起桶盖，又兜了半瓢吃。故意要他们看着，只是叫人死心塌地。次后吴用去松林里取出药来抖在瓢里；只做走来饶他酒吃，把瓢去兜时，药已搅在酒里，假意兜半瓢吃，那白胜劈手夺下，倾在桶里。——这个便是计策。那计较都是吴用主张，这个唤做"智取生辰纲"。）

（第十五回）

那妇人回到家中……每日却自和西门庆在楼上任意取乐……这条街上远近人家无有一人不知此事，却都怕惧西门庆那斯是个习徒泼皮，谁肯来多管！（常言道"乐极生悲，否极泰来。"光阴迅速，前后又早四十余日。）却说武松自从领了知县言语……

（第二十五回）

够了，不必多举了。把上面括号中的部分和不加括号的部分合读起来，很足使人感到不调和的缺陷。我也认《红楼梦》与《水浒》是有价值的小说，但对于这样的笔法，总觉有点不满。

在近世别国的小说中是找不出这样的手法的。

以上是我个人对于记叙文的见解和对于旧文艺的不满的表示。以下试以这见地来评现在新作家的创作。在这里，我先要声明二事：（一）我所评的不是作品全体，只是作品的形式部分——文字而已。（二）我因无暇无钱，不能普遍地搜罗现今当世诸作家的作品来读，所经眼的作品只是很有限的几篇。

现今诸家的作品，手法上、体裁上，大家都已力求脱去旧套，摹仿他国的了。但就我所见到的有限的若干作品中，似乎还有许多地方未能脱尽旧式，有着我所谓不统一的瑕疵的。例如鲁迅的《风波》中：

老人男人坐在矮凳上，摇着大芭蕉扇闲谈，孩子飞也似地跑，或者蹲在乌桕树下赌玩石子。女人端出乌黑的蒸干菜和松花黄的米饭，热蓬蓬冒烟。河里驶过文人的酒船，文豪见了大发诗兴，说："无思无虑，这真是田家乐啊！"

（但文豪的话有点不合事实，就因为他们没有听到九斤老太们的话。）这时候九斤老太正在大怒……

又如郁达夫的《沉沦》中：

第一高等学校将开学的时候，他的长兄接到了院长的命令要他回去。他的长兄便把他寄托在一家日本人的家里。几天之后，他的长兄长嫂和他的新生的侄女就回国去了。

（东京的第一高等学校里有一班预备班，是为中国人特设的。在这预科里预备一年卒业之后才能入各地高等学校的正科，与日本学生同学。）他考入预科的时候，本来填的是文科，后来将在预科卒业的时候，他的长兄定要他改到医科去，他当时亦没有什么主见，就听了长兄的话把文科改了。

（在生活竞争不十分猛烈，逍遥自在，同中古时代一样的时候，在风气纯良，不与市井小人同处，清闲雅淡的地方，过日子正如做梦一般。）他到了N市之后，转瞬之间，已经有半载多了。

又如叶绍钧的《潘先生在难中》中：

不知几多人心系着的来车居然到了。闷闷的一个车站就一变而为扰攘的境界，（来客的安心，候客者的快意，以及脚夫的小小发财，我们且都不提，单讲一位从让里来的潘先生。）他当火车没有驶进站场之先，早已调排得十分周妥，他领头，右手提着黑皮包，左手牵着个七岁的孩子。七岁的孩子牵着他的哥哥，（今年九岁。）哥哥又牵着他的母亲，潘师母。潘先生说人多照顾不齐，这么牵着，首尾一气，犹如一条蛇，什么地方都好钻了。他又屡次叮嘱，教大家握得紧紧，切勿放手，尚恐大家忘了，又屡次摇荡他的左手，意思是教他把这个警告打电报一般一站一站递过去。（首尾一气诚然不错，可是也不能全然没有弊端。火车将停时所有的客人知东西，都要涌向车门，潘先生一家的一条蛇是有点尾大不掉了。）

（《小说月报》第十六卷第一号）

这都是第三人称的小说，而于中却夹人着作者主观的议论或说明，就是作者忽然现出。文字在形式上失了统一，应认为手法上的不周到，须改善的。这种文例，据我所见到的着实还不少，反正是同样的例，不多举它。

此外，诸家的作品中，还有表面上似不犯上面所说的缺

陷，而骨髓里却含有同样不统一的毛病的，例如冰心的《超
人》中所列的厨房里跑街的十二岁的孩子禄儿在花篮中附给主
人公何彬的信：

　　我也不知道怎样可以报先生的恩德，我在先生门口看了几
次，桌子上都没有摆着花儿——这里有的是卖花的。不知道先生
看见过没有——这篮子里的花，我也不知道是什么名字，是我自
己种的，真是香得很，我最爱它。我想先生也必是爱它，我早就
要送给先生了，但是总没有机会，昨天听说先生要走了，所以赶
紧送来。

　　我想先生一定是不要的。然而我有一个母亲，她因为爱我的
缘故，也很感激先生。先生有母亲么？她也是一定爱先生的。这
样，我的母亲和先生的母亲是好朋友了。所以先生必受母亲的朋
友的儿子的东西。

禄儿叩上

　　姑勿论贫苦的禄儿能否识字写信，即使退若干步说，禄儿
曾识字能写信，但这样拗曲的论调，究竟不是十二岁的小孩的笔

端所能写得出的，揆诸情理殊不可通。其病源完全与上述各例一样，是作者在作品中露出马脚来。不过一是病在表面，一是病在内部罢了。

易卜生的《娜拉》中，哈尔茂称娜拉为"小鸟"，为"可爱的小松鼠"，为"可爱的云雀"。马克斯诺尔道（Max Nordau）在《变质论》中批评他说："这是银行经管，辩护士，同居八年了的丈夫，对于已经做了三个子女的母亲的妻所应有的口吻吗？"

套这口气，我对于上面的信，也要发同样的疑问："这信是厨房徒弟、十二岁的小孩所作的文字吗？"章实斋的《古文十弊》里说：

文人固能文矣，文人所书之人不必尽能文也。叙事之文，作者之言也，为文为质，惟其所欲，期如其事而已矣。记言之文，则非作者之言也，为文为质，期于适如其人之多，非作者所能自主也。名将起于卒伍，义侠或奋闾阎，言辞不必经生，记述贵于宛肖。而世有作者，于此多不致思，是之谓优伶演剧。……

这虽为"古文"而说，我以为实是普通记述文字应守的律令。上例正犯了此律令。

又有不但部分上态度不一致，全篇犯着不统一的毛病的。例如《创造周报》（第十三期）全平的《呆子与俊杰》。依理，要对于全篇加批评，应把原作全体抄录。为避烦计，只得摘取开端和结尾，显出其全文形式上的态度。并且，我以为但看开端和结尾就够。因为已可看出全文形式上的口气了。原作开端一节是：

当去年暑假到来的时候，我的乡人C君在平民教养院所获得的美缺，被他的友人H君占去了。

结尾一节是：

暑假到了，识时务的俊杰H君代替C君占了教养院的美缺了，不合时宜的呆子C君茫然地离开了教养院，绝无留恋。他把他曾进行的艰巨的交际工程完全抛弃了。他开始了在俊杰的对面度那寂寞孤独而被人讥讽的呆子的生涯。

因为文字在叙述上是逆行的，所以结尾仍旧说到开端所说的事情为止。详细请看原作。就这开端和结尾二节看，就可知道C君在文中是主人公，H君是副主人公，语气是第三人称的。以下就依了这些条件来加以批评。

全篇称"C君""H君"，则作者立在旁面观察的地位可知，这文中的人名下加称呼，完全是普通称呼性质，和叶绍钧的《潘先生在难中》的"潘先生"性质不同。叶的"潘先生"已是专称，和通常称潘某某没甚两样。这文里的称"君"，纯粹只是普通称呼。

依上面的立脚点说，原作中凡叙述主人公内生活的处所，几乎全体发生冲突了。例如：

大会早已散了。C君和H君并坐在"一路"电车中。他（满怀快乐，满脸高兴。）……

"满脸高兴"是旁观者看得出的，至于"满怀快乐"，依上列的条件似乎是有点通不过去了。更有甚者：

　　电车到了静安寺，他们俩走下车来，步行回去，途中C君想：H君的话确有几分道理……

　　试问，作者何以知道C君在想？在这样想呢？这样一一检查，几乎全篇各处都要逢到同类的困难了。

　　我以为这困难完全在用了一"君"字的缘故，因为"君"字的背后，露出有作者的地位的。

　　原来在第三人称的小说作者的立点有三：一是全知的视点（The omniscient point of view）；二是制限的视点（The limited point of view）；三是纯客观的视点（The rigidly restricted point of view）。在全知的视点中，作者好似全知全能的神，从天上注视下界。作品中一切人物的内心秘密无不知道。一般描写心理的小说，作者如果不完全立脚于这态度，就在情理上通不过去。制限的视点，是把全知的视点缩小范围，只在作品中一人物上，行使其全知的权利，凡借了作品中一人物（主人公）而叙述一切者皆是。纯客观的视点范围更狭，作者绝不自认有全知的权利，对于作品中人物但取客观的态度而已。

　　上例既称"C君""H君"，当然是属第三的纯客观的视点的文字，作品中人物的内心生活，实无知道的权利。若欲改为第一的全知的视点，或第二的限制的视点，则不应称"君"。但称C和H就是了。"君"的称呼，实是原文中致命的伤点。

　　以上是我因了个人的记叙文的见解，对于现今小说界文字上的批评。论理我于指摘缺点以外，应再举国内或国外的小说中的正例来证明己说。但这有好几个难点，举全文呢，不但不胜其烦，且不知举谁的哪一篇好；举一节呢，又恐读者要发生"以偏概全"的怀疑，以为一节的无病，不能证明全文的也都无病，不得已只好不举了。据我个人所知，别国名小说中是少见有这样不统一的文字的。

我在国文科教授上最近的一信念——传染语感于学生

　　无论如何设法，学生的国文成绩总不见有显著的进步。因了语法、作文法等的帮助，学生文字在结构上、形式上，虽已大概勉强通得过去，但内容总仍是简单空虚。这原是历来中学程度学生界的普通的现象，不但现在如此。

　　为补救这简单空虚计，一般都奖励课外读书，或是在读法上多选内容充实的材料。我也曾如此行着，但结果往往使学生徒增加了若干一知半解的知识，思想愈无头绪，文字反益玄虚。我所见到的现象如此，恐怕一般的现象也难免如此吧。

　　近来，我因无力多购买新书，时取以前所已读而且喜读的书卷反复重读，觉得对于一书，先后所受的印象不同，始信"旧书常诵出新意"是真话。而在学生的教授上，也因此得了一种新的启示，以为一般学生头脑上的简单、空虚，或者可以用此救济若干的。

　　我现在的见解以为：无论是语是句，凡是文字都不过是一种寄托某若干意义的符号，这符号因读者的经验能力的程度，感受不同。有的所感受的只是其百分之一二，有的或者能感受得更多一点，要能感受全体那是难有的事。普通学生在读解正课以及课外读书中，对于一句或一语，误解的不必说了，即使正解，也决非全解，其所感受到的程度必是很浅。收得既浅，所发表的也自然不能不简单空虚。这在学生实在是可同情的事。

　　举例来说，"空间"一语是到处常见的名词，但试问学生对于这名词的了解有多少的程度？这名词因了有天文学的常识与否，了解的程度大相径庭。"光的速度，每秒行十八万里，有若干星辰，经过四千年，其所发的光还未到地球。"试问在没有这天文学常识的学生，他们能如此了解这名词吗？在学生的心里，所谓"空间"，大概只认为是屋外仰视所及的地方吧。同样，"力"的一语，在学生或只解作用手打人时的情形罢；"美"的一语，在学生或只解作某种女人的面貌的状态罢。

　　以上是就知的方面说的，情的方面也是如此。我有一次曾以《我的家庭》为题，叫学生作文。学生所作的文字都是"我家在何处，有屋几间。以何为业，共有人口若干……"等类的文句，而对于重要的各人特有的家庭情味，完全不能表现。原来他们把"家庭"只解作一所屋里的一群人了！"春""黄昏""故乡""母亲""夜""窗""灯"，这是何等情味丰富、诗趣充溢的语啊，而在可怜的学生心里，不知是怎样干燥无味、煞风景的东西呢！

不但国文科如此，其他如数学科中的所谓"数"和"量"，理科中的所谓"律"和"现象"，历史中的所谓"因果"和"事实"等等，何尝能使学生有充分的了解？

要把一语的含义以及内容充分了解，这在言语的性质上，在人的能力上，原是万难做到的事。因为一事一物的内容本已无限，把这无限的内容用了一文字代替作符号，已是无可如何的办法。要想再从文字上去依样感受它的内容，不用说是至难之事。除了学生自己的经验及能力以外，什么讲解、说明、查字典，都没有大用。夸张点说，这已入了"言语道断"的境地了。

真的！要从文字去感受其所代表事物的全部内容，这是"言语道断"之境。在这绝对的境界上，可以说教师对于学生什么都无从帮助。因为教师自身也并未能全体感受任何一文字的内容。其实，世间决没有能全体感受任何一文字的内容的人，所不同的只是程度之差罢了。数学者对于数理上的各语所感受的当然比普通人多。法律学者对于法律上的用语，其解释当然比普通人来得精密。一般做教师的，特别的是国文科教师，对于普通文字应该比学生有正确丰富的了解力。换句话说，对于文字应有灵敏的感觉。姑且名这感觉为"语感"。

在语感锐敏的人的心里，"赤"不但只解作红色，"夜"不但只解作昼的反对吧。"田园"不但只解作种菜的地方，"春雨"不但只解作春天的雨吧。见了"新绿"二字，就会感到希望焕然的造化之功、少年的气概等等说不尽的情趣。见了"落叶"二字，就会感到无常、寂寥等等说不尽的诗味吧。真的生活在此，真的文学也在此。

自己努力修养，对于文字，在知的方面，情的方面，各具有强烈锐敏的语感，使学生传染了，也感得相当的印象。为理解一切文字的基础，这是国文科教师的任务。并且在文字的性质上，人间的能力上看来，教师所能援助学生的，只此一事。这是我近来的个人的信念。